Divorciada pero virgen

Martha Carrillo

DIANA

Diseño de portada: Alejandra Ruiz Esparza
Ilustración de portada: © Shutterstock
Fotografía de la autora: Óscar Ponce
Diseño de interiores: Grafía Editores

© 2016, Martha Carrillo

Derechos reservados

© 2016, Editorial Planeta Mexicana, S.A. de C.V.
Bajo el sello editorial DIANA M.R.
Avenida Presidente Masarik núm. 111, Piso 2
Colonia Polanco V Sección
Deleg. Miguel Hidalgo
C.P. 11560, Ciudad de México
www.planetadelibros.com.mx

Primera edición: noviembre de 2016
ISBN: 978-607-07-3697-1

Impreso en los talleres de Litográfica Ingramex, S.A. de C.V.
Centeno núm. 162-1, colonia Granjas Esmeralda, Ciudad de México
Impreso y hecho en México – *Printed and made in Mexico*

A Daniel y Andrea,
porque son mi mayor bendición.

Introducción

Si estás leyendo este libro es porque tomaste la decisión de divorciarte, ya te divorciaste o estás pensando hacerlo. Pero tal vez no te atreves a dar el paso; fue tu pareja la que te "pidió tiempo", te dijo que ya no quería estar contigo o tal vez sospechas que en cualquier momento va a ocurrir la separación pero temes enfrentarla. El caso es que estás ante el enorme vacío, ansiedad y miedo que te provoca el divorcio, y te sientes perdida en una realidad que aunque sabías que podía existir, en el fondo jamás imaginaste que te pudiera pasar a **ti**.

Voy a compartirte lo que yo viví en algunas ocasiones en las que me enamoré y terminé con la pareja que creí que sería "la única". Si bien es cierto que este libro habla del divorcio, para que este suceda primero debe haber un matrimonio, aunque no necesitas firmar un documento y hacer "oficial" una relación para poder **divorciarte.** Hay rompimientos, separaciones y confrontaciones que duelen igualmente.

Estoy convencida de que los seres humanos somos polígamos por naturaleza ya que a lo largo de nuestra existencia podemos enamorarnos muchas veces de distintas personas, y por más que suframos con cada una, podemos recuperarnos de una desilusión, de un desamor y del dolor que causan. El proceso no es fácil; reconstruirte después de una pérdida emocional es complicado, ¡pero se puede, y yo soy prueba de ello! Por eso sigo creyendo en el amor, en la pareja, en el matrimonio, pero ante todo **creo en mí.**

Eso es lo que quiero transmitirte más que cualquier otra cosa en este libro: que **creas en ti,** y para ello vamos a vivir tu proceso de separación juntas. No existe una receta para atravesar la crisis de una ruptura ni el manual perfecto para el duelo, pero sí hay muchos elementos que pueden ayudarte a encontrar la claridad cuando estás inmersa en la tormenta porque en medio de ella no es posible ver muchas cosas: ni las negativas e inevitables ni las positivas y estimulantes. Quiero ayudarte a verlas, que de algo sirva que yo ya pasé por ello. De modo que si esta lectura te permite ver más allá de lo inmediato y del dolor de la separación para mirar hacia tu interior, **ya la hicimos.**

Yo, como tú, alguna vez sentí ese miedo a separarme o a dejar la vida que me habían enseñado, la que incluía "el final feliz"; el "se casaron y fueron felices para siempre"; el "están hechos el uno para el otro"; el "son almas gemelas", o el "hasta que la muerte los separe". Pero nadie me advirtió que la muerte emocional puede ser parte del amor y que este también se extingue.

La culpa no es de Cenicienta ni de ninguna princesa de Disney; tampoco por desear que el amor toque a nuestro corazón y nunca se vaya. Eso es lo más normal del mundo: ¿quién no quiere amar y ser amado? Dar y sentir que recibes lo mismo es algo que todos esperamos de nuestra pareja. Pero como dice la canción, "el amor se acaba"; la gente cambia y las situaciones y acuerdos de pareja también.

Por eso debemos estar conscientes de que el amor perfecto no existe —mucho menos sus "finales" felices— y de que una relación exitosa de pareja no se da de manera gratuita ni es algo que se añada mágicamente a tu vida por el hecho de irte a vivir con alguien, firmar un contrato matrimonial o casarte por cualquier rito religioso o espiritual.

Hoy, después de un divorcio y varias experiencias amorosas, sé que el amor entre dos es un trabajo diario en el que podemos vivir nuestros cambios juntos si somos honestos y empáticos; si decidimos *ver* siempre al otro, **aceptarlo y amarlo** como es. Si nos proponemos "regar la plantita todos los días" —como decían las abuelas— y no darnos "por hecho"; si nos atrevemos a jugar a la conquista diariamente con detalles y palabras cariñosas a pesar de la monotonía del día a día, de los conflictos y de las diferencias.

Sí, el amor es un sentimiento —el más hermoso de todos—, pero también es una *actitud*, y la actitud nos lleva a la **acción**… a la **acción amorosa**, porque cuando no cuidamos ni alimentamos el amor este pierde fuerza, se va debilitando poco a poco, y, sin darnos cuenta, cae en una rutina que nos ahoga y puede terminar en una separación, en una ruptura definitiva o en el divorcio.

Si estás atravesando por una crisis de pareja sabes que es momento de reaccionar; y si ya estás en pleno divorcio, lo importante es no temer ni paralizarte sino enfrentar el proceso, vivirlo y reinventarte hasta que encuentres a la persona con la que quieras compartir lo mejor y lo peor de ti. Pero sobre todo es momento de encontrarte a ti misma para que las heridas sanen y el amor que hay en tu interior recobre su fuerza.

Romper, dejar, ser dejado; sacar las cosas, no atreverse a tirarlas; lanzarte al psicodrama; enojarte, culparte, victimizarte; darte al sexo desenfrenado, temerle al sexo con alguien más; volcarte en tus hijos o en tu trabajo; temer a la soledad y a amar de nuevo componen la tremenda vorágine que nos acorrala cuando terminamos con aquella persona que **esta vez** elegimos con la intención de vivir la vida en pareja y compartir un proyecto común.

No importa si eres tú quien se quiere ir o es tu pareja la que lo desea, o si la decisión surgió intempestivamente en alguno de los dos. En cualquier caso te llena de pánico pensar en quedarte sola porque en apariencia la relación es lo que te da estabilidad, y al estar a punto de perderla de alguna manera intuyes que eso te llevará a "morir en vida".

Gran parte de lo que eres ahora se irá con esa persona que ya no estará más contigo. Sí, y eso aterra. Sientes una especie de "orfandad" ante lo inesperado—el nuevo terreno que pisas, que es de absoluta incertidumbre— y ante la destrucción de un futuro que en apariencia conocías pero que hoy no logras ver con claridad porque habrá cambios, ¡muchos!, aun en cosas tan simples como en tu nombre —si eres de las que utilizan el apellido de casada—; en tus hábitos —incluidos los alimenticios—; en tus costumbres, y quizás en tus aficiones (¿por qué seguir yendo al futbol si es algo que le gusta a él y no a ti? ¿Por qué tener otro perro si no te agradan?).

Para enfrentar esa vorágine lo primero que tienes que saber es que en ella no hay víctimas. Jugar ese papel es de lo más cómodo; confieso que lo hice muchas veces con frases como: "La responsabilidad la tiene el otro; el otro abusó, el otro me traicionó, el otro hizo y deshizo…". Claro que el otro tendrá su responsabilidad, pero yo también tengo la mía —como tú—, porque como bien dicen: "Tanto peca el que mata a la vaca como el que le amarra la pata".

Sí, por fuerte que parezca, este es el primer paso hacia la sanación. Sé que al pedirte que te hagas responsable del rompimiento, independientemente de la causa, me recordarás a Raquel, mi madre. Pero te tengo dos noticias: ella ya no está en este plano terrenal, y de nada sirve quedarte como víctima; eso solo te estaciona, te drena, te aniquila. Asumir tu responsabilidad al principio siempre enoja, enfurece, pero luego es tan liberador que jamás volverás a querer ser víctima, y si te cachas siéndolo, saldrás corriendo de ese lugar emocional.

Una relación se compone del 50 por ciento de cada parte, y si la otra parte abusó, engañó, mintió o traicionó en repetidas ocasiones fue porque tú lo permitiste. Sí, se oye brutal, pero a medida que busques en tu interior verás que es cierto: puedes ser inocente la primera vez, ingenuo la segunda, pero la tercera eres cómplice de lo que te hace daño. Te aseguro que si te echas el clavado interior hacia la sanación real, al salir adelante de esa ruptura tendrás claro que no volverás a permitir aquello que te provocó tanto dolor físico o emocional.

Es importante aclarar que si bien el título de este libro emplea los términos femeninos "divorciada" y "virgen", el planteamiento abarca a todo aquel que se divorcia, ya sea hombre o mujer, y a cualquier pareja, heterosexual u homosexual. Cuando uso "divorcio" me refiero a todas las relaciones que se han roto entre dos personas que se comprometieron a pasar un tiempo, o toda su vida, juntas.

No tiene que haber hijos para que duela más. Si tenían perros o un pez beta al que ni siquiera alimentaban, romper con "el amor de tu vida", "el padre o madre de tus hijos" o "tu persona favorita", con la que te comprometiste y creaste un mundo nuevo —casados o no—, requiere de un auténtico morir en vida para luego renacer, y entonces ser virgen otra vez y recibir de nuevo el amor y darlo sin dudas, sin rencores pasados.

En ese sentido "virgen" significa que todos lo somos la primera vez que hacemos algo; al final del libro entenderás por qué utilizo esta palabra y por qué hoy yo puedo decir: "Soy divorciada pero virgen". La apuesta es que tú también lo digas después del camino que vamos a compartir.

¿Estás listo para emprender este proceso que te llevará a ser una mejor versión de ti mismo? Si es así, da vuelta a la página y caminemos juntos.

1

La crisis dentro
del matrimonio

Mi historia

Cuando me casé lo hice con toda la ilusión del mundo, igual que tú. Estaba convencida de que mi pareja era el hombre de mi vida. Pero a los pocos años de matrimonio me di cuenta de que no estábamos en la misma sintonía, de que no compartíamos tanto como en un principio. Ambos pensamos que eso era "normal" y empezamos, sin advertirlo, a darnos por hecho, a caer en la rutina, a basar nuestra relación en los hijos y a tener menos intimidad. Estos aspectos se agravaron cuando las diferencias, los silencios y el desamor se incrementaron; no supimos construir las bases para soportar estos contratiempos.

Ni él me golpeaba ni yo lo maltrataba; tampoco había infidelidades. Incluso funcionábamos muy bien como familia, pero no como pareja. Simplemente se nos estaba acabando el amor. ¿Y sabes qué hice? Lo estiré lo más que pude. Me separé, pero volví a los seis meses. Tuve miedo de equivocarme; tuve culpas compuestas por una larga lista de "etcéteras" —como las que tú tienes ahora al evaluar tu relación— y, al igual que tú, quise aferrarme a mi matrimonio a pesar de ya no ser feliz.

Con el tiempo me di cuenta de que mi intuición no estaba equivocada y que encarar lo inevitable era lo mejor para mí, para él y para nuestros hijos. La mayor parte de las personas —sobre todo mujeres— que se divorcian después de mucho pensarlo dicen que se arrepienten de no haberlo hecho antes. En mi caso así fue, pero lo cierto es que uno "truena" con alguien cuando "puede" hacerlo, es decir, cuando el corazón ya no aguanta más y el desamor se convierte en un invitado permanente en la relación.

Un divorcio no significa que tu pareja sea un patán o tú una bruja, simple y sencillamente ya no son la persona correcta para el otro **en ese momento**, y está bien aceptarlo.

Historias de divorcio

A mi amigo Mario le era difícil darse cuenta de que su relación se había terminado; aún tenía la esperanza de que funcionara. Aceptó ir a terapias y trataba de echarle ganas en todo lo que podía, pero no fue suficiente porque una relación es de dos, y aunque él y su esposa funcionaban como familia, no lo hacían como pareja.

Aceptar eso fue muy doloroso para él pues no podía ni siquiera imaginar vivir lejos de sus hijos. Sin embargo, el hecho de que ya no existiera "la pareja" acabó por separarlos.

Mi amigo Demián pasó por algo muy distinto: su esposa empezó a ausentarse de la relación refugiándose en el trabajo; ante los reclamos de él incluso bromeaba con que él "debía" conseguirse una novia. A medida que su matrimonio perdió intimidad y que terminaron por dormir en recámaras separadas, Demián le tomó la palabra y tuvo una novia. Cuando su esposa lo supo lo corrió de la casa y le puso una demanda patrimonial (compartían una empresa). Ya van en el segundo juicio; sus hijas ya crecieron y ellos siguen en pleito. Demián acepta hoy que no debió salir con alguien sin antes irse de la relación y de su casa, y lamenta no haber tenido la entereza de hacerlo cuando dejó de dormir con ella.

Alejandra descubrió la infidelidad de su marido y su mundo se vino abajo en segundos. Cuando sospechó que la vecina y su esposo sostenían una relación, ellos ya llevaban mucho tiempo juntos. Al encararlo, él le confesó que su amante estaba embarazada. Ale, motivada por el despecho, reaccionó con mucha agresividad, se llevó a los niños y vació todas las cuentas bancarias. Su odio creció tanto que vive presa del enojo y la angustia. No solo perdió su vida "perfecta", sino su paz y estabilidad personal y también la de sus hijos.

O qué tal el caso de Patricia, quien por su carácter divertido y optimista jamás imaginarías que sufría violencia intrafamiliar: su esposo no le había puesto una mano encima pero le causó heridas en el alma con insultos y agresiones psicológicas que destruyeron su autoestima. Ahora se encuentra en pleno pleito de divorcio tratando de proteger a sus dos hijos de un hombre violento.

Al llegar a su casa Héctor encontró a su mujer con un amigo en la cama. Él no había firmado ningún papel con ella, pero pensó que su compromiso era para siempre. Al ser testigo de su traición solo tomó a su perro y se fue. Hoy está tan herido que se promete no volver a amar. Aunque después de varias pláticas con tequila en mano me doy cuenta de que su proceso de sanación ya empezó y que superará su profundo dolor y volverá a amar.

Causas hay muchas, casos también y cada vez son más. Sin duda alguna el *divorcio* es el pan nuestro de cada día. Cuando nos casamos pensamos: "Total, si no funciona me divorcio". Pero no lo creemos porque los seres humanos iniciamos una nueva relación y nos casamos pensando que nuestro matrimonio va a funcionar, que nosotros sí haremos la diferencia, que nuestro amor podrá con todos los obstáculos, y deseamos demostrarle al mundo entero que elegimos bien. Si eso no ocurre es como si hubiéramos construido un castillo de arena que se desmorona con cada ráfaga de viento y con cada ola del mar.

Tratamos de sostenerlo y reconstruirlo. ¿Y sabes qué? Está bien porque uno no puede darse por vencido a la primera (ante los primeros conflictos). Hay que ceder, pero hay un punto en el que ya no hay nada que hacer. Y todos lo que hemos tenido una relación que se termina sabemos que en algún momento llegamos al punto de **no retorno** donde la palabra **fin** es inevitable.

Sí que da miedo tomar **la decisión**. Muchas veces seguimos con una pareja sin querer estar a su lado y esperamos que algo que venga de fuera nos saque de ahí (como una amante, un acto de violencia, o que la decisión la tome el otro). Pero también hay otra forma de salir, y es a través de la valentía y el amor propio, porque el matrimonio no es una manda ni una experiencia creada para sufrir y pasarla mal; al contrario, es una experiencia con base en el amor, y por lo tanto el objetivo es nuestro crecimiento, evolución y felicidad.

Obviamente, siempre habrá diferencias, confrontaciones y problemas, pero si hay amor, compromiso, lealtad y respeto es más fácil enfrentar cualquier situación. Claro que esto no es posible si se rompe la comunicación, si hay infidelidades, agresiones o simplemente si ya no hay amor en la pareja y no eres feliz con el otro. Si es así, es momento de poner punto final aunque duela.

A veces nos es muy difícil decir lo que pensamos y usamos máscaras con las que fingimos que "no estamos tan mal, que todo está bajo control, que no estamos sufriendo". Incluso, si llegamos a reconocer que necesitamos ayuda quizá no tengamos la posibilidad económica de pagar una terapia, o tal vez tampoco contemos con un grupo de amigos con los cuales abrirnos con confianza.

Por eso decidí incluir en este libro un espacio para ayudarte a identificar cómo estás, qué sientes y cómo llevas tu proceso. A lo largo de su lectura encontrarás preguntas que te invito a contestar aquí o en una hoja que puedas destruir después, si así lo deseas, ya que eso te ayudará a "echarte" el *clavado interno*. También puedes estar en contacto conmigo en cualquier momento a través de mis redes sociales:

Twitter
@marthacarrillo
Instagram
marthacarrillop

¡Comenzamos!

El matrimonio es la principal causa de divorcio.
Groucho Marx

¿Por qué las parejas se mantienen casadas?

Antes de entrar en el tema del divorcio veamos por qué las parejas se "quedan" en el matrimonio. Decidí realizar una encuesta entre mis amigos y les pregunté las razones por las que llevaban mucho tiempo juntos. Lo único que les pedí fue su total sinceridad y contestar sin censura. Resultaron varias cosas interesantes.

Las mujeres

"Me gusta la vida que tenemos juntos".
"Por los hijos".
"Tenemos los mismos valores familiares".
"Por cariño".
"Nos la pasamos bien juntos, tenemos complicidad".
"Por la compañía".
"Tenemos el mismo proyecto de vida".
"Porque con otra pareja sería lo mismo".
"Por miedo a la soledad".
"Nos aceptamos como somos".
"Me mantiene".
"No me imagino sin él".
"Porque lo amo".

Los hombres

"Me da estabilidad emocional".
"Por mis hijos".
"Me gusta estar cerca de mi vieja, es mi mejor amiga y ha sido mi compañera de vida".
"Por miedo a la soledad".
"Me gusta que me cuiden".
"Porque me aguanta todo".
"Existe entre nosotros el suficiente nivel de incertidumbre como para mantener el interés".
"Aunque hay broncas siempre tengo la esperanza de que se solucionen".
"Porque no quiero aceptar otro fracaso".
"Porque lo que sí funciona es suficiente".
"Por costumbre".
"Para no defraudar a mis padres y familiares".
"No sé, es un misterio... Creo que por su dinero".

¿Dónde está el amor?

Como puedes ver, las mujeres fueron más serias en sus respuestas, mientras que algunos hombres usaron el humor. Es curioso que la sexualidad, tan importante al principio de una relación, con el paso del tiempo no sea un factor relevante. Ni hombres ni mujeres mencionaron el *sexo*.

Las razones se presentan por orden de importancia, y al parecer la palabra "amor" con el tiempo acaba por englobar otras cosas, como la complicidad, el calor de hogar y la compañía. De hecho, solo dos la mencionaron. Pero, por lo visto, ninguna de las razones para permanecer juntos es suficiente para todos los matrimonios, porque con el paso de los años cada vez más parejas optan por la separación y la palabra "divorcio" se hace presente.

¿Cuáles eran los motivos por los que estabas casada?

¿Qué aspectos no quisieras repetir en una nueva relación?

¿Qué elementos te gustaría que fueran la base de una nueva relación?

Si te aprieta, no era de tu talla.
Anónimo

Dilo en voz alta: Di-vor-cio

Entremos en materia. Para entender las consecuencias del divorcio hoy en día hay que echarle un vistazo al pasado y conocer las diferentes connotaciones que ha tenido en sociedades y culturas que persisten hasta nuestros días.

· · · · · · · · · **Un poco de historia no cae mal** · · · · · · · ·

Divorcio proviene de la palabra latina *divortium*, que quiere decir "dividir".

Di/dis: prefijo latino que significa "separación" o "divergencia".

Verto: palabra latina que significa "volver", "dar la vuelta", "girar" o "hacer girar".

El divorcio tiene su origen práctico en Roma, durante el periodo de Julio César (100 a 44 a.C). Entonces no era algo extraordinario ni estigmatizado, pero sí había algo que detenía a los señores romanos para divorciarse: ¡tener que devolver la dote! Me suena muy parecido a aquello de no querer pagar la pensión alimenticia hoy en día.

Durante el último periodo renacentista, entre 1543 y 1563, el derecho canónico de la Iglesia católica decretó la nulidad matrimonial. Después todo cambió y se prohibió la nulidad, así que el divorcio se convirtió en un concepto negativo que ha trascendido hasta nuestros días.

Para la Iglesia católica el divorcio no existe;
por lo tanto, si te divorcias por lo civil "vives en
pecado" ya que, como se afirma durante la ceremonia "Lo que Dios ha unido no lo separe el
hombre".

La religión judía actual sí lo reconoce, y aunque trata de no llegar a ese proceso, celebra una
ceremonia llamada *guet* para que las personas
divorciadas queden emocional y religiosamente
separadas con el fin de rehacer sus vidas.

La religión musulmana establece que a Alá
no le gusta el divorcio, y que este debe darse solo
en caso de extrema "necesidad"; sin embargo, no
lo condena como un acto pecaminoso, aunque en
ciertas comunidades provoca desdén social.

En algunas culturas prehispánicas encontramos creencias negativas sobre la disolución
matrimonial. Los aztecas eran polígamos, pero
había una mujer legítima de la que se podían separar a través de una sentencia. Los zapotecas
eran monógamos y si llegaban a descubrir una
infidelidad, los esposos podían colgar a la mujer
o empalarla. (¿Tragaste saliva? Yo también). Si
decidían no asesinarla no era por buena onda,
se debía a la condición de nobleza de ella o a la
superstición. (¿Les suena familiar aguantar una
infidelidad por dinero o poder? Es impresionan-
te cómo una creencia puede permear durante
siglos).

En México el divorcio fue reconocido por las
Leyes de Reforma, pero eso no le dio aceptación
social: a mediados del siglo XIX "la divorciada"
era segregada de toda vida social y vivía encerra-
da por el resto de su vida, al grado de que ni su
familia de origen podía reintegrarla a la sociedad
o apoyarla públicamente.

En el porfiriato, a finales del siglo XIX y principios del XX, ya en años prerrevolucionarios, si una mujer era infiel se le exhibía en las calles de los pueblos o los barrios citadinos, y era repudiada públicamente ya que se permitían humillaciones tales como lanzarle agua o frutas.

No obstante, más allá de la religión y las culturas, hoy en día los divorcios van en aumento; lo interesante es que encontramos una mayor comprensión en la actualidad, especialmente si transitamos por los caminos espirituales que no lo juzgan como bueno o malo.

El divorcio probablemente se remonta
a la misma época que el matrimonio. Yo creo,
sin embargo, que el matrimonio es algunas
semanas más antiguo.

Voltaire

Los juicios

Qué fuerte todo esto, ¿no? ¿Pero sabes qué es lo peor de todo? Que quizá te sientes exactamente igual al querer divorciarte. Si bien no eres esa dama porfiriana que recibe jitomatazos en el Paseo de la Reforma, posiblemente el rompimiento de tu matrimonio es lo único que importa en este momento: ni tus hijos (si los tienes) ni tu familia de origen ni tu trabajo ni tus amigas ni tus sueños o proyectos por concretar son tan importantes como el **fracaso** que **crees** que vives ahora. Es más, ni siquiera sabes si le temes más al proceso, al futuro o al juicio social sobre tu "descalabro amoroso".

Ah, el juicio. Tal vez suene tan duro como "divorcio", y no me refiero al juicio por la patria potestad de los hijos o la repartición de bienes, sino al juicio de valor que les encanta hacer a los otros y que te haces a ti misma, y que en este periodo de vulnerabilidad te hace sentir una *loser*: una fracasada por no haber cumplido las expectativas de construir un buen matrimonio.

*No hay cosa que nos engañe más
que nuestro juicio.*
Leonardo da Vinci

Los malditos juicios

Tu mamá. "Elegiste mal, hijita; yo sabía que esto iba a pasar; tienes muy mal gusto; fracasaste en tu matrimonio. Te faltaron paciencia, inteligencia y estrategia; le cerraste las piernas y buscó afuera lo que no tenía en casa".

Tú. "La amante es mejor que yo. ¡Cualquiera es mejor que yo! Apenas salga por la puerta se va a encontrar a otra mucho más joven, más guapa e inteligente. Seguro va a ser i-dén-ti-ca a la chava sexy de la tele que tanto le gusta, y yo estoy fatal, deprimida y gorda".

Tus amigos. "Pues qué esperabas, si nunca la consientes. Ni de vacaciones te la llevas, te la pasas en el trabajo. Una chava no va a perder su tiempo, hay veinte güeyes allá afuera que son mejor partido que tú. Se hartó de ti. La regaste".

> **Él.** "Yo solo soy su cajero automático y le vale lo que yo quiera hacer; todo lo decide ella y yo no tengo voz ni voto. Y de sexo ni hablemos, solo me utilizó para tener hijos, le puso *check* al matrimonio en su lista y me dejó por otro".

No te preocupes por lo que la gente piensa,
no lo hace muy a menudo.

Dr. House

Como en la corte

Estas frases surgen así estés guapa o fea; delgada o gorda; joven o madura; seas rica o pobre. No importa cuál sea tu condición o si eres hombre o mujer. El divorcio hace mella en un área muy delicada de nuestro ser: la autoestima.

A los demás podrás no volverles a contar nada para que dejen de opinar, pero la verdad es que el juicio al que hay que temerle más es **al propio**; nos convertimos en jueces muy severos. Es tanto el dolor, la incertidumbre y la sorpresa del divorcio que podemos llegar a sentirnos poco valiosos y atractivos, poco hábiles en cualquier aspecto de nuestra vida: "Si no fui capaz de conservar un matrimonio —y máxime si el otro me dejó—, ¿cómo no se va a desmoronar mi valía?". Tu sonrisa se esfuma y el "tirano" que vive en ti empieza a exaltar tus defectos y a poner una cortina que no te permite ver tus cualidades. En pocas palabras: te sientes una piltrafa humana.

Sí, el divorcio es como lanzarte en un paracaídas. Sientes como si te quitaran el piso para caer en un vacío profundo. Todas tus ilusiones y metas se desvanecen y no quedan vestigios de ellas. Es inevitable: rozas el miedo, la soledad, la oscuridad… La muerte. Sí, una parte de ti muere y hay que enfrentarse a la parte vieja, dolida, rencorosa y lastimosa de quien te has convertido durante el tiempo en que tu relación se transformó en piel muerta; enfrentar que tú aceptaste vivir en un mundo gris en el que dejó de haber amor, comprensión, comunicación e intimidad.

Las creencias

Pero ¿por qué duele tanto pensar en el divorcio? ¿Por qué nos asusta tanto esa posibilidad?

Porque mucho de lo que vivimos en una relación es producto de nuestra forma de ver la vida y del cristal con el que miramos; esto se debe a las creencias, que son la manera en la que pensamos acerca de algo. Hay distintos tipos de creencias; por ejemplo, las personales: "Todos los hombre son unos desgraciados". Sociales: "El matrimonio es para toda la vida", y religiosas: "El divorcio es un pecado", entre otras. Las creencias son los lentes a través de los cuales interpretamos la vida y con base en ellas actuamos.

Las 10 creencias más comunes sobre el divorcio

- ✿ Es un fracaso.
- ✿ Es el resultado de mi incapacidad para amar.
- ✿ Es el resultado de no ser valioso y merecedor de una buena relación.
- ✿ Es mi culpa.
- ✿ Es malo para los hijos.
- ✿ Solo se divorcian las mujeres que no saben luchar.
- ✿ Es falta de aguante y paciencia.

✿ Me convierte en una mujer a medias.

✿ Los hombres no se divorcian.

✿ Solo te divorcias cuando hay una amante.

Ahora te toca a ti. Date un tiempo para contestar en conciencia estas preguntas:

¿Qué es el divorcio para ti?

¿Tiene una connotación negativa? ¿Por qué?

Cuando cierras los ojos y te imaginas divorciada, ¿cómo te ves?

¿Cómo piensas que te ven los otros?

¿Qué te da más miedo de divorciarte?

_____

_____

_____

_____

_____

_____

_____

_____

_____

2

La toma de decisión

Una cosa es coquetear con la idea del divorcio y pensarlo en silencio durante las noches en que no puedes dormir, pero llegar a decir: "Me quiero divorciar" es tan difícil como dar el primer paso para hacerlo.

Si la palabra "divorcio" surge de un día para otro, te aseguro que aquello que lo motivó no. Eso que lleva a una pareja al truene se cocina durante días, semanas, meses y años, hasta que un día ya no queda nada.

Cuando no sabes qué hacer

Platiquemos primero de lo que ocurre cuando aún no tomas la decisión de la ruptura y te encuentras en el limbo de la incertidumbre.

La sensación de no ser necesitados o admirados es algo que nos pega en el ego, pero la sensación de no sentirnos amados pega en el alma. A veces, eso nos lleva a hacer cosas que no queremos con tal de complacer al otro, como dejar de ser nosotros mismos para **tratar** de ser lo que el otro espera, complaciendo sus deseos y dejando de lado nuestras necesidades y sueños por los de nuestra pareja. Pero aunque lo hagas, eso no garantiza la unión y permanencia. Por otro lado, cuando nos hemos "sacrificado" y de pronto aparece el divorcio en el panorama tendemos a verlo como una gran injusticia. ¿Por qué se quiere ir si yo le he dado *todo*?

Aquí surgen las preguntas: ¿Qué pasa si me divorcio? ¿Qué futuro me espera? ¿Qué será de mí? La duda es normal al tomar una decisión tan importante como esta. Tenemos miedo al cambio, a lo que no conocemos, a arriesgar sin saber el resultado, pero hay que enfrentar esta situación porque cuando el amor está muerto y no lo aceptas te estancas en la incertidumbre y te carcome la angustia. Y eso… ¡no lo puedes permitir!

Dejar el reinado

Hay mujeres que dependen totalmente de su pareja: desde la casa, el club y todas sus cuentas, hasta las amistades, y dejar todo eso les provoca mucho miedo y estrés. Incluso hay quien conscientemente decide no salirse de una mala relación con tal de no perder "el reinado".

Todos conocemos a una amiga que nos cuenta lo mal que se porta su marido. Inclusive, a veces hace bromas sobre sus amantes frente a ella. Si le preguntas por qué soporta eso tal vez su respuesta sea: "Yo soy una señora, yo soy *la esposa*, no le voy a dejar a otra lo que me ha costado tanto trabajo mantener".

No querer dejar el reinado puede ser un motivo para no separarte, pero el amor no es un activo en la Bolsa y tampoco un quilate. El amor es construcción y honestidad, y si tu relación no se basa en el amor sino en otros intereses, hay solo dos caminos: aceptarlo con todo el costo personal que ello implica o irte.

¿Cómo llegaste a esto?

¿Qué pudo salir tan mal que *quieres divorcia* creíste que amarías para siempre? ¿En qué m turarse la relación? No hay una respuesta (un regalo de la vida. Lo que hagas con él es tu respu. tu pareja. Cada uno tiene su parte, y cualquiera de los dos, o a... pueden sacar lo peor de ustedes y llevarlo a la destrucción total, sin pensar que son *uno + uno,* que se complementan, y que esto no solo tiene que ver con los gustos o las actividades en común, sino con la empatía, la negociación y el crecimiento personal.

Causas

Cuando decidimos divorciarnos generalmente existe más de un motivo, y aunque quizás haya uno que fue la gota que derramó el vaso, como por ejemplo la infidelidad, antes pudo haber desamor o problemas económicos.

Las causas jurídicas son muchas y han ido cambiando con el tiempo. Hace unos años eran que la pareja tuviera un hijo ilegítimo antes de casarse, comprobar el adulterio con un testigo en el momento preciso del acto, que alguno tuviera hábitos de juego o embriaguez, o incurrir en la sevicia (crueldad excesiva o malos tratos).

Actualmente se consideran causales de divorcio el padecimiento de alguna enfermedad incurable que sea, además, contagiosa o hereditaria; impotencia sexual irreversible —siempre y cuando no tenga su origen en la edad avanzada— y padecer un trastorno mental incurable —previo juicio de interdicción, es decir, declarar al cónyuge incapaz—, además de la violencia intrafamiliar de cualquier tipo.

Esto último no solo es motivo de divorcio sino de denuncia. Si te pega, si te acosa, si te violenta psicológicamente, si te socava o abusa de ti en cualquier forma, la ley te protege a ti y a tus hijos y te ayudará a divorciarte y a buscar justicia. Es importante señalar que

lmente se piensa que esto solo les ocurre a las mujeres, pero
muchos hombres que también la padecen.

> *¿Existe alguien que pueda comprometerse*
> *a sentir una sola emoción a perpetuidad?*
> *Por supuesto que no. Podemos obligarnos*
> *a ser leales y sacrificados, pero nunca podremos*
> *forzarnos a amar. Los humanos tenemos ínfimo*
> *control sobre nuestro corazón.*
>
> Danielle Teller

Las causas invisibles

Pero existen causas más difíciles de comprobar y —para muchos—
de entender, porque no se pueden presentar ante un juez como
evidencias. "Es que no me pela, me ignora". "Me ve como su proveedor". "Me ve como su mucama". "No se hace responsable de sus obligaciones". "Es una floja". "Es un mantenido". "No tenemos sexo, ya
no hay intimidad". "Lo único que le importa es el trabajo". "Me mo-
lesta su presencia". "Se me antoja cogerme a otra". "Ya no soy feliz".

Las causas invisibles están ahí todos los días. Cuando pasa el enamoramiento inicial y dejas de idealizar a tu pareja te das cuenta de
que no es perfecta.

Me explico: hay algo que se llama idealización y se da en la primera etapa del enamoramiento.

Físicamente se inicia en la corteza cerebral: ante la presencia del
"nuevo amor" se presenta la segregación de sustancias químicas en el
hipotálamo que nos hacen "morir de amor", como la feniletilamina
(FEA, el químico de las "nubes"), la dopamina (el químico del placer),

la norepinefrina (el químico de la euforia), la oxitocina (el químico de la confianza y el amor). Todos ellos acompañados por las endorfinas (el químico de la felicidad), producen sensaciones emocionantes y placenteras; por eso todo parece color de rosa, te llenas de energía y sientes "mariposas en el estómago".

Esta euforia tiene una duración aproximada de tres meses; después se eleva la segregación de serotonina, que equilibra las reacciones provocadas por los otros químicos. En esta etapa empiezas a dejar de considerar al otro perfecto y se inicia lo que se llama el "desprendimiento": quieren pasar tiempo solos y no vivir pegados, ¡y eso es muy sano! Nadie puede vivir en esa "intoxicación" todo el tiempo, pensando y viviendo para el otro.

Así, la relación irá mutando de la euforia a la realidad y la aceptación hasta llegar a la etapa crucial en la que ves al otro tal como es. Y entonces truenas o, si el nivel de oxitocina es alto y se crearon nexos importantes con el otro, empiezas a aceptarlo sin "adornos". Si logras trascender las diferencias y llegar a este punto, surge el verdadero amor.

Si no llegas a hacerlo y aun así decides continuar, es muy probable que tu relación no tenga bases tan sólidas para enfrentar los problemas que surjan en el futuro. Según la psicología, después de dos o tres años de "luna de miel", las causas y motivos para dejar a la pareja empezarán a salir a la luz si no la aceptamos tal como es.

No busques el amor, deja que él te encuentre.
Por eso se llama "caer enamorado",
porque no te obliga a hacerlo, simplemente… caes.

Anónimo

Motivos de la desilusión
(Causas invisibles)

Cuando entras al nuevo ciclo del amor y no aceptas la realidad empiezas a exigirle al otro que cambie o a reclamarle: "Antes me ponías más atención, no eras así". Dejas de verlo perfecto y las diferencia se hacen evidentes.

Después vienen la rutina y la decepción: dejas de seducir a tu marido o de consentir a tu mujer; ya no saludas cuando llegas, ya no das las gracias cuando hace algo lindo por ti, no hay más conquista con detalles amorosos, y permites que la cotidianidad te ahogue lentamente. Te vuelves funcional y autómata.

Otro motivo es cuando te conviertes en madre y te olvidas de ser mujer. Es en esta etapa cuando el porcentaje de infidelidad masculina aumenta, justo entre el primer y el segundo hijo. Estás inmersa en la experiencia maternal y él se siente hecho a un lado y busca seguir siendo el centro de la vida de alguien más

Además, te empiezas a convertir en madre no solo de tu hijo sino de tu pareja, alguien que dice qué se puede o no hacer en la casa, que soluciona, en lugar de ser "su novia" o "la mujer que lo conquistó" y por la que se siente atraído.

Con los hijos la rutina cambia. Cuando son bebés todo gira alrededor de ellos. A medida que crecen, el reto para la pareja es recuperar la estabilidad entre los dos. Dejar morir la relación y la intimidad de pareja con el pretexto de los niños es injusto para el matrimonio y en consecuencia puede llevarlos al divorcio. Es dejar de regar la plantita del amor.

Cuando quieres ser la rescatadora del otro le das la bienvenida a la codependencia. Te vuelves salvadora, protectora, y tienes como meta hacer que te necesite aunque dejes de admirarlo. El síndrome de la rescatadora surge mucho más en las mujeres modernas porque tienen más herramientas y una economía más sólida que las vuelve imán de hombres que buscan bienestar bajo sus cuidados aunque sacrifiquen su virilidad.

¿Uno de los dos es caótico y el otro quiere hacer todo lo posible por agradarlo? Si tu pareja es tu foco de interés y te vuelves una sombra de ti misma en lugar de encauzarla a ver más allá de sus narices, entonces estás en una relación egoísta y desgastante que te drena, te quita energía y te desilusiona.

Un viejo dicho reza: "Cuando la pobreza entra por la puerta el amor sale por la ventana". Todavía está vigente. Si hay problemas económicos sentirás mucha presión y angustia y empezarán las tensiones. Habrá exigencias y se pueden dar cambios de roles; si la relación es débil, explota.

La peor forma de extrañar a alguien es estar sentado a su lado y saber que nunca lo podrás tener.
Gabriel García Márquez

Límites

Como bien dicen, no hay nada más amoroso que los límites sanos. ¿Qué permites y qué no? La relación no se trata de cederte, sino de ceder y hacer acuerdos; pero no siempre sucede y no hacerlo a tiempo puede llevar al **divorcio.**

Al no poner los límites necesarios ni establecer los roles a jugar empiezan los desajustes que provocan problemas emocionales e incomunicación en la pareja. Si no estás cómoda con algo tal vez no dejarás salir a tu esposo del cuarto hasta arreglarlo; pero los hombres no siempre hablan o quieren aclarar las cosas con palabras, y a veces lo único que desean es un abrazo y nuestro silencio. En eso somos muy diferentes, nosotras tendemos a verbalizar todo (las mujeres somos tres veces más parlantes que los hombres). Pero hay muchas formas de hacerlo sin tener que decir la temida frase: "Tenemos que hablar", cruzada de brazos frente a nuestra pareja.

Pero si no queremos hacer esa chamba diaria que es el matrimonio, si preferimos caer en la incomunicación y *montarnos en nuestro macho* sin hacer concesiones, si le cargamos al otro nuestras frustraciones y planteamos exigencias del tipo "Me tiene que escuchar que para eso es mi marido", o "Tiene que hacer lo que yo le diga porque es mi mujer", el matrimonio se irá hundiendo poco a poco. Tú lo sabes, yo lo sé, él lo sabe pero no lo queremos ver cuando estamos inmersos en nuestras demandas y enojos, cuando estamos hablando desde nuestras heridas infantiles (las que trataremos más adelante).

Tips para la buena comunicación en pareja

- ✿ No pensar solo en tu satisfacción, como tampoco en la del otro, sino en ambas.
- ✿ Platicar sobre sus miedos, angustias, inquietudes, sueños y deseos. No callarlos.
- ✿ Hablar frecuentemente sobre los roles de cada uno y los cambios que desean hacer, sin importar si son diferentes a lo que vivieron antes.

✿ Viajar juntos, compartir pasiones y experiencias, incluso si tienen aficiones distintas.

✿ Integrarse en los intereses del otro, y si no los comparten preguntar cómo va todo.

✿ Respetar el espacio del otro.

✿ Sorprender al otro con detalles. Hacerle sentir que te importa y que piensas en él.

✿ Preguntar, no suponer ni interpretar o dar una idea por hecho, o decir: "Es que ya sabía que no ibas a querer".

✿ Negociar en lugar de imponer. Si algo no es del agrado del otro, al plantear una propuesta abierta es más fácil llegar a un acuerdo.

✿ Escuchar al otro. Dejarlo hablar, no interrumpir, sino poner atención a sus palabras y, sobre todo, ser empático hacia su sentir.

✿ Dejar de hablar del pasado, de las acciones viejas y de los resentimientos.

¿Cuántas de esas acciones dejaste de lado en tu relación?

_____

_____

_____

¿Identificas si hay algunas que aún ponen en práctica?

_____

_____

_____

Los focos rojos

Aceptar que hay problemas es muy difícil en un principio (precisamente por esta creencia de que terminar una relación es un fracaso); pero el primer paso para resolverlos es aceptar que los tienes, como en el caso del alcoholismo o los trastornos alimenticios: tu matrimonio está en crisis, respira profundamente y acepta que es así, por doloroso que sea. De nada te sirve la negación; tarde o temprano esta situación se va a manifestar. Ahora que reconoces el problema tienes que descubrir en dónde estás parado y en qué etapa te encuentras.

Como cada persona, cada relación es única. Nadie sabe, salvo los que cohabitan en un mismo cuarto, lo que realmente está pasando; pero ellos mismos perciben esas alertas o pequeños veintes que les caen a lo largo del tiempo y evidencian que algo no anda bien.

¡Alertas!

Si no confías en tu pareja, es un foco rojo.

Estar adivinando el pensamiento del otro; hacerse historias en la cabeza creyendo que "todo lo que él hace es para lastimarme". Cada vez que lo haces le quitas claridad a tus verdaderos sentimientos porque te domina el coraje o el resentimiento.

Si tus corazonadas te dicen que algo no está bien, es un foco rojo.

La intuición es la habilidad para percibir algo de manera clara e inmediata sin la intervención de la razón; son esas "corazonadas", esos *aha moments*. La intuición es la que nos dice que algo no está bien; es el instinto de supervivencia (el famoso sexto sentido de las mujeres, que sí lo tenemos) que te alerta sobre los cambios de conducta de tu pareja, sus nuevas reacciones ante tus acciones, esa mirada desviada en el instante más íntimo o ese detalle que nunca habías notado. A veces quieres no prestarle atención pero es vital darle crédito.

Si la comunicación entre tu pareja y tú se compone de una buena dosis de "valemadrismo", es un foco rojo.

Engañarte y noquear tu intuición por más que algo sea evidente y no quieras verlo; fingir que te vale o "maquillar la realidad", porque eso genera resentimientos y mala vibra y te puede llevar al punto de mayor crisis cuando a tu pareja le sucede lo mismo y termina por no importarles a ninguno de los dos.

Si das por hecho al otro y él a ti, es un foco rojo.

Si ya no se miran, se atienden, se procuran. Si creen que por estar casados el otro permanecerá ahí. Si te valen las necesidades o deseos del otro y crees que todo está bien estarás más cerca de una separación conforme esta situación sea más frecuente.

Si sospechas que tiene una amante, o si tú lo tienes o deseas tenerlo también, es un foco rojo.

Vámonos más lejos: a la existencia de una amante. Si intuyes que él la tiene o lo sabes con certeza y prefieres no enfrentarlo o estás en negación está bien si eso te hace feliz, aunque lo dudo, pero eso tarde o temprano explotará.

Si pelean más de lo que sonríen, es un foco rojo.

La ruptura no siempre es pasiva. Los pleitos por tonterías o celos desmedidos son desgastantes y agresivos. ¿Cuántas veces te ha pasado que por saludar a alguien en el cine o porque no está el control de la televisión en su lugar hay un drama? Pon aquí el motivo que te guste. Las peleas son constantes.

Si miden su amor solo por los momentos de adrenalina y placer, es un foco rojo.

Cuando en tu matrimonio buscas la satisfacción inmediata; coger desenfrenadamente; pedirle al otro que reafirme tu amor verbalmente o con regalos y que deje todo por ti, no se está buscando el verdadero desarrollo de la pareja, sino alimentar el ego y eso los detiene constantemente para crecer a largo plazo.

Si tiene una adicción y eso afecta tu matrimonio, es un foco rojo.
Las adicciones al alcohol, a las sustancias químicas o la dependencia a las medicinas son un problema que si no se atiende a tiempo puede terminar con la relación. Cuando tu pareja gasta lo que no tiene en su adicción, pone su salud en peligro y también pone a tus hijos y a ti en riesgo. Ante esto hay quienes deciden quedarse a ayudar a su pareja y quienes no pueden con eso y ven en la ruptura amorosa una salida.

Si los dos no son suficientes para pasarla bien, es un foco rojo.
Si una pareja nunca está sola, si para funcionar siempre necesita de los hijos, de los amigos y de la familia, es que se ha roto la complicidad entre ellos. Cuando no hay temas de conversación, los silencios son eternos al estar solos y se sustituyen las palabras con la televisión, el celular y la computadora, la relación está a punto de morir.

Si en una relación hay violencia, por mínima que sea, es un foco rojo.
Si hay faltas de respeto, gritos, groserías, jalones, golpes, agresiones físicas o emocionales, la relación está más que fracturada.

Si su cama no es el santuario del sexo y la intimidad, es un foco rojo.
La cama habla mucho de la relación de pareja; la intimidad está ahí haya o no sexo. Platicar, compartir, entenderse y sentirse cerca es algo que sucede en la cama. Si tu pareja y tú hace años que no tienen relaciones sexuales o las tienen por compromiso; si ella duerme pegada al buró para no tocarte durante la noche, o alguno termina cambiándose de cuarto, tu relación está rota.

Adán no se divorció de Eva porque
no encontró abogado.
Ramón G. de la Serna

Otras causas que ponen en jaque tu relación

✿ Violencia.

✿ Infidelidad descubierta.

✿ Problemas económicos.

✿ Jubilación, si son parejas mayores.

✿ Rebelión por parte de la pareja, porque según el otro dejó de ser como antes.

✿ Cuando los hijos se van ya no queda nada en común.

✿ Arrepentimiento por no haber vivido lo que se deseaba y querer vivirlo ahora.

✿ Crisis de la mediana edad. Intereses nuevos que conllevan a caminos separados.

✿ Desatención doméstica (no ayuda en casa, pasa mucho tiempo fuera, viaja mucho, no está al tanto de los problemas).

✿ Descubrimiento de costumbres, hábitos o manías molestas.

✿ Enfermedades crónicas suscitadas durante el matrimonio.

✿ Competencia profesional o económica.

✿ Esterilidad o falta de deseo de tener hijos.

✿ Viajes constantes o trabajos demandantes por parte de alguno de los dos.

✿ Abuso de confianza de la familia política.

✿ Problemas patrimoniales (sociedades, negocios, bienes malogrados).

Haz tu semáforo personal.

¿Con cuántos de estos focos rojos te identificas?

¿Puedes detectar otros que estén afectando tu relación?

¿Hay algunos en "amarillo" y crees que puedas cambiarlos a "verde" para mantener tu relación, o es inminente el cambio a "rojo" y se avecina el divorcio?

Una relación tóxica es aquella en la que
uno de los dos sufre mucho más
de lo que experimenta dicha y placer
por estar con el otro.
Fernanda Centeno

Estar sin estar

Cuando estamos ante una situación en la que nos damos por sentados o no hacemos caso a nuestra intuición —que nos dice que las cosas no van bien— lo que sigue es la *pérdida ambigua*. Así se conoce a la ausencia de personas "desaparecidas", cuya muerte no se puede constatar (alguien secuestrado o extraviado).

Las pérdidas emocionales y psicológicas también son ambiguas: vivir con alguien que no está nunca, ya sea porque trabaja en otra ciudad, viaja constantemente, no coincide con tus horarios o simplemente no quiere pasar tiempo a tu lado (y ni un mensajito te manda), es alguien que está "desaparecido" en tu vida.

Tu pareja puede vivir contigo y dormir en el mismo cuarto e incluso compartir 24 horas, pero vas a sentirte sola porque sabes que él está pero no está. Eso es sufrir una pérdida ambigua.

Esta condición causa estrés, ansiedad y desesperación, pero lo peor es que en contraste también crea ¡esperanza! En el fondo tienes la ilusión de que la situación cambie algún día, porque en apariencia no has perdido nada: no se ha ido, sigue viviendo en tu casa, come la pizza que anoche le dejaste en el refri, lo saludan los vecinos y hasta coincides en la habitación para ver una serie de televisión (no se hablan, pero la ven juntos). Es más, puede ser que de repente haya sexo una que otra noche y eso cree un nexo ilusorio de unión, pero la verdad es que la ambigüedad es el colchón sobre el que reposa la costumbre de tu relación.

A pesar de que la lógica te dice que
ya todo terminó, el corazón sigue esperanzado
en el reencuentro.
                                        Adriana Esteva

¿Se puede resolver?

Irte es tomar una decisión. Quedarte también. No decidir es decidir. Si el miedo paraliza, la duda enloquece.

Las relaciones son de dos, y si uno quiere salvar la relación pero el otro no, o si el otro dice que sí pero no mueve un dedo —o ni siquiera sabe qué es lo que está mal—, no hay forma de solucionar nada. Para que la relación suba a flote ambos deben estar en sintonía, decididos a lograrlo y descubrir juntos cuáles son los puntos a trabajar, enfrentar, enmendar y aceptar, o dejar ir para empezar de nuevo. Pero para dar este paso a veces es necesario terminar, ya sea para poner punto final, o incluso para regresar, pero desde otro lugar emocional que brinde la oportunidad de un nuevo amanecer.

Hay parejas que se dan cuenta a tiempo de sus problemas antes de que estos se los coman y arruinen la dinámica y logran recuperar su relación. ¿Cómo saber si estás a tiempo? Es posible hacerlo si no caes en el autoengaño. Escúchate a ti misma. En el fondo sabemos si la relación tiene solución o si el otro "está" o "no está"; si tú "estás" o no. La entraña nunca miente.

Solo puedo decirte que si detectas muchos focos rojos o una pérdida ambigua en la relación y no te mueves vivirás permanentemente en un ambiente "gris", en el que posiblemente ya estás, negándote las cosas, haciéndote la *cool*, pensando que si no le dices nada le va a caer el veinte y te va a revalorar como la mejor esposa y la mejor madre. Pero te aseguro que mientras esperas que tu fantasía se cumpla la angustia y la incertidumbre te ahogarán.

Aquí no caben los puntos suspensivos, hay que ponerle punto final. Para reconstruir con esa persona o con otra tienes que salir del pozo, y con la misma confianza con la que entraste en la relación y aguantaste muchas cosas puedes irte si así lo decides.

Hoy puedo decirte que agradezco haberme casado con el padre de mis hijos porque nuestra misión como pareja fue darle vida a dos grandes seres humanos que son lo mejor que me ha pasado en la vida y cuya presencia me llena de felicidad.

Solo que ni mi ex ni yo no supimos ver los focos rojos y alargamos lo inevitable; el amor se murió mucho tiempo antes de que nos diéramos cuenta por estar sumergidos en lo cotidiano y en nuestros propios dramas, y cuando lo percibimos ya no había nada que hacer, solo quedaba la reconstrucción de cada uno por separado.

Así que busca fortaleza dentro de ti y devuélvete la convicción de que vales, de que mereces el amor, la felicidad y vivir una vida "a colores", más allá de tu relación de pareja. El cambio debe ser a partir de ti, aunque el camino, por el momento, lo recorras sola.

No pongas puntos suspensivos
donde el amor puso punto final.
Anónimo

¿El otro también quiere salvar esta relación o eres solo tú?

_____

_____

_____

¿Hay otra persona involucrada? Cuando hay un tercero es porque hay un espacio entre dos. ¿Qué provocó ese "espacio"?

_____

_____

_____

¿Estás dispuesta a perdonar?

¿Se puede sanar o las heridas son muy profundas?

¿Cuánto rencor tienes acumulado?

¿Puedes reconstruir con lo que tienes ahora?

Sepárate por tus hijos

Si somos sinceros, ambos le tememos a la soledad cuando estamos por separarnos. "Más vale bueno por conocido que malo por conocer", decimos. Ellas entran en el Síndrome de la Muñeca Fea: "Me voy a quedar sola y abandonada en un rincón". Ellos entran en el Síndrome del Castrado: "No valgo lo suficiente, no sé si podré satisfacer a otra mujer".

Así que tendemos a aferrarnos a los pequeños buenos momentos compartidos, o a la etapa de enamoramiento, y justificamos quedarnos como *homenaje* al amor que nos juramos. "Es que llevamos muchos años juntos". "Es que ya no soy una jovencita". "Es que tenemos muchos compromisos sociales y familiares, ya enfrentaré los problemas más tarde". O utilizamos la justificación estrella: **"Me quedo por mis hijos"**. No nos damos cuenta de que todas estas afirmaciones son formas que adopta el miedo para evitar enfrentar la raíz del problema, son pretextos que nada tienen que ver con lo que sientes por el otro; son solo un síntoma de la inminente ruptura de la relación.

¡Ay, mis hijos!

¿Cuántas veces hemos escuchado que una mujer aguanta la infidelidad o la violencia "por sus hijos"? Creemos que somos pésimas madres si los sometemos al proceso de divorcio y preferimos aguantar una vida de sufrimiento y soledad con tal de "no hacerles daño".

No queremos aceptar que en ocasiones puede ser más dañino someterlos a un matrimonio tóxico, porque si los padres sufren los hijos también. No me refiero a la violencia física o psicológica exclusivamente. Si hay tensión, discusiones y desamor los hijos lo notan. No son tontos, no son inmunes, no son ajenos. Son sensibles y aman a sus padres. No tienes que decirles lo insatisfecha que estás sexualmente para que noten tu malhumor, o la baja autoestima de su papá al que descalificas delante de ellos, o cómo él te trata con indiferencia y menosprecio. Los hijos se dan cuenta de **todo**.

La peor parte de esto es que con nuestros problemas de relación marcamos su psicología en forma negativa: si perciben que así son las parejas en el futuro lo van a repetir en sus propias experiencias amorosas. Van a buscar lo que ven en su casa, el patrón de conducta que han aprendido de sus padres. Por eso, si te importan tus hijos y quieres que sean felices tienes que darles el ejemplo y mejorar su entorno; de eso depende su estabilidad emocional en el futuro, aunque no lo creas.

Obviamente, cuando los padres mencionan la posibilidad de un divorcio la primera reacción de los hijos es "que no lo hagan", que "regresen", o que no quieren tener dos hogares. Romper su mundo implica sentimientos de pérdida, nostalgia y tristeza, pero el tiempo te hará ver que a pesar del dolor de este primer impacto y de todo el proceso, cuando llegue la calma ellos volverán también a sentir paz y tranquilidad. No lo dudes.

Algunos años después de mi divorcio mis hijos me dijeron que cuando su papá y yo estábamos juntos notaban que ninguno de los dos sonreía. Ahora reconocen que separarnos fue lo mejor que pudimos hacer, porque se sienten felices de vernos plenos a los dos, porque "recuperamos la sonrisa" al librarnos de la tensión y del desamor. La emoción que experimenté cuando me lo dijeron fue indescriptible: "lloré como perro". Yo había tomado la decisión del divorcio, y por lo tanto sentía la culpa de haber "roto el hogar" (que ya estaba roto). Eso fue algo que me acompañó durante mucho tiempo. Por eso aquel instante con mis hijos fue liberador.

Que no exista una buena razón para quedarse
es una buena razón para marcharse.

Anónimo

El temor

¿A qué le temen ellas cuando no están seguras de dar el paso?
·A perder su estabilidad económica.

- A lastimar a sus hijos.
- A la soledad.
- A no ser lo suficientemente jóvenes, bellas, interesantes o divertidas para encontrar otra pareja.
- A hacerse responsables de su vida (sobre todo en el aspecto económico).

¿A qué le temen ellos cuando no están seguros de dar el paso?
- A la soledad.
- A la falta de comodidad y apoyo moral.
- A gastar más o a tener el dinero controlado por un juez.
- A volver a tener hijos con otra pareja o a mantener hijos ajenos.
- A casarse de nuevo, rehacer su vida y volver a caer en lo mismo.

¿Por qué te quedarías?

_____

_____

_____

¿Es por amor y porque le ves posibilidades a tu relación o por miedo al cambio o a salir de tu área de confort a pesar de que no eres feliz?

Sincérate contigo misma.

_____

_____

_____

Un camino de mil millas comienza con un paso.
Benjamín Franklin

Decisión tomada

Por supuesto que aventarte un divorcio está cañón. No vamos a suavizarlo. Es una de las experiencias más duras que yo he vivido. Por eso le das vueltas al asunto y buscas mil justificaciones para quedarte. ¡Estás tan acostumbrada a ser infeliz que ni siquiera piensas en lo que es la verdadera felicidad! Estás tan acostumbrada al desamor que ya ni te acuerdas de las mieles del amor y la conquista. ¡Estás tan metida en el drama que ya no recuerdas lo que es vivir en paz!

Por eso, el objetivo de esta primera parte de la crisis es buscar la *claridad*: te vas o te quedas. Cualquiera que sea el escenario de tu relación este solo se acaba cuando dices **"Basta".**

Es posible que creas que la amante, su alcoholismo o el desempleo son la causa; que si "eso" no existiera "seguro que todo sería perfecto". Pero no es así porque esos son solo síntomas. La realidad es que armarte de valor para salir de la relación poco tiene que ver con las circunstancias, tiene que ver más con tu amor propio y con algo que se llama **merecimiento**.

¿A qué me refiero? A hacerte consciente de que **no mereces vivir** en una relación que te hace daño. A saber que te **mereces** un amor completo, una pareja respetuosa y la oportunidad de crecer con alguien, y cuando te cae ese veinte es algo muy poderoso que te ayuda a moverte.

Las personas tenemos la autoestima más alta en algunos sectores de nuestra vida que en otros. A lo mejor en tu trabajo o en tu capacidad intelectual la tienes muy desarrollada; pero donde es débil es en donde cometemos más errores: si en el terreno del amor tu autoestima es baja, tenderás a elegir una relación tóxica que te haga sentir más pequeña y no merecedora de amor, comprensión, lealtad y respeto.

La autoestima

Es la valoración que haces de ti mismo. El aprecio que sientes por ti.

Aliméntate

Cuando estás ante la realidad abrumadora del rompimiento, lo único que te rescata es el amor propio. Al decidirte a dar el paso, comunicárselo al otro y tomar acción, el merecimiento ha comenzado a activarse, y de él te vas a sostener para atravesar el oscuro camino del divorcio y su duelo.

Para actuar en favor del merecimiento es necesario alimentar nuestra autoestima y construir la vida que deseamos tener. Esto se logra al ponernos en una frecuencia alta que nos hará encontrar más adelante a la persona adecuada; es la misma frecuencia que te hará equivocarte menos y tomar mejores decisiones que antes.

Todos tenemos derecho a ser felices; eso es lo único que tienes que recordar cuando des el gran paso hacia la separación y las dudas te hagan tambalear. ¡Ambos tienen derecho a ser felices y a cambiar el rumbo de sus vidas!

Aquí está claro que lo que ya no existe es la unión entre dos; que uno o los dos dejaron de amar; que uno o los dos han roto los acuerdos que los unieron en un principio, y que el siguiente paso es la separación o el divorcio. En este escenario el matrimonio es historia y hay que enfrentar la **ruptura**.

Tienes derecho a desenamorarte.
No te sientas culpable cuando dejes de amar.
A veces Eros se va silenciosamente
por la puerta de atrás.

Walter Riso

¿Por qué te quieres divorciar?

Escribe en estas líneas con toda sinceridad qué te hace pensar que debes hacerlo.

3

¿Quién dejó a quién?

La decisión del divorcio está tomada pero no siempre es asumida por ambos por igual. Mucho tiene que ver quién tomó la decisión: él o tú. Eso definirá gran parte de tu duelo y tu recuperación.

No es igual dejar a que te dejen

Pensemos en una oficina donde las personas cuidan mucho las formas; cómo van a quedar si renuncian. Para salir "bien libradas", sin que nadie se enoje, mantienen una buena imagen porque saben que afectará su siguiente trabajo. El problema es cuando el jefe te despide primero. Todos se enteran y el desprestigio y el ego quedan expuestos.

Traslademos eso a una relación de pareja: no es lo mismo que tú te vayas a que te dejen; esto es parecido a cuando te despiden de un trabajo: te quedas ofuscado, dolido y frustrado. Incluso en el caso de que estuvieras esperando "la liquidación" (que tu pareja se largara), la sensación de ser abandonado, no ser necesitado y querido te puede carcomer porque a nadie le gusta que lo dejen.

Es lo mismo con el trabajador contento, o por lo menos *cómodo* con su chamba: "No es mucha lana, tampoco es que me encante la contabilidad y nunca voy a crecer, *pero me pagan y estoy a gusto*". Por supuesto, cuando lo corren no quiere renunciar a su confort aunque su situación no lo haga del todo feliz y la mayor parte del tiempo se sienta desdichado. Es lo mismo en la relación: preferimos quedarnos ahí porque eso requiere menor esfuerzo y nos brinda una "aparente tranquilidad", mientras que aventarnos a buscar la plenitud requiere de muchas ganas.

Si el otro decidió dejarte, por lo general es definitivo. No habrá poder humano que lo haga cambiar de opinión porque como bien dicen: "el amor se inspira, no se ruega", y el amor no se siente por voluntad u obligación. Si ya no quieres estar con alguien estás en tu derecho de romper aunque el otro no lo desee.

En el amor, como en el trabajo, queremos crecer y alcanzar metas e ilusiones, pero hay una diferencia: en el trabajo hay una remuneración económica y un jefe al cual rendirle cuentas; en las relaciones amorosas no es así: se trata de una relación de dos cuya moneda es el amor y la aceptación, y cuando uno se va todo se termina, el dolor llega al alma y… **¡te quieres morir!**

La muerte emocional

Hay muertes físicas, pero las muertes emocionales también existen, y cuando las vives nada tiene sentido a tu alrededor. Te duele respirar, se te quiebra el corazón, nada vale la pena: tienes el alma rota en mil pedazos… Eso apenas logra describir las sensaciones que esta te provoca.

En este periodo "de muerte" no hay esperanza ni deseos; en el mejor de los casos hay enojo porque, al menos, es un sentimiento que te mantiene vivo, mucho más que la tristeza o la depresión. Pero hay una buena noticia: el amor duele pero no mata. Nadie se muere de amor.

> *En la vida es imposible no experimentar*
> *dolor y pérdida.*
>
> Brady Toops

¿Por qué terminó contigo tu pareja?

_____

_____

_____

¿Puedes detectar en qué contribuiste a que tomara esa decisión?

_____

_____

_____

Desde tu perspectiva, ¿qué es lo que tu pareja tenía que haber hecho?

Esta pregunta es muy importante, tómate tu tiempo para pensarla y más adelante la retomaremos.

_____

_____

_____

Cuando le das por su lado...

Sara tenía 22 años de casada cuando su marido empezó a frecuentar a una mujer del trabajo. Ella no quiso hacerle drama, incluso les presumía a sus amigas que "no era de las que andaban checando al hombre ni husmeando en su celular". Al paso de los meses sospechó que esa amistad laboral se había convertido en algo más cuando él comenzó a alargar las jornadas de trabajo y a viajar más de lo habitual. Sara calló sin cuestionar y decidió darle tiempo al tiempo, convencida de que "siempre volverá a casa porque la esposa es la esposa".

Y sí, después de un tiempo su marido volvió "al hogar" y hasta se cambió de trabajo. Sara estaba segura de que la amante había desaparecido y que solo había sido un *affaire* temporal. Efectivamente, la "amiga" del trabajo se esfumó, pero lo que Sara nunca se esperó fue que su esposo, justo cuando iban a cumplir 25 años de casados, le dijera, como regalo de aniversario, que necesitaba "tiempo".

La reacción de Sara fue ignorar el asunto esperando que a su esposo se le pasara lo que ella calificaba como "crisis de la mediana edad". Pero el marido insistió; se fue de la casa con el pretexto "de pensar bien las cosas".

Al cabo de seis meses él hablaba con ella solo si se trataba de los niños; también empezó a salir con otras mujeres sin preocuparse de ser visto. Sara no tuvo más remedio que aceptar que la habían dejado mientras ella esperaba que todo volviera a la normalidad.

"¿Qué hice mal?", fue su constante pregunta. "Si en esta casa siempre lo tuvo todo. ¡Cómo se atreve a dejarme e irse con otras!".

Sara se sigue preguntando en qué se equivocó una esposa y madre *ideal* como ella; tal vez su error fue pensar que lo era, sin ver, escuchar y sentir a su pareja durante mucho tiempo. Él alegaba "sentirse abandonado" y el desamor de Sara bien pudo ser la razón para que él buscara otra opción; o a lo mejor su marido en verdad era un egoísta implacable, o tal vez cayó en la crisis de la mediana edad, como ella juraba.

El caso es que en un rompimiento siempre hay dos versiones, dos lados de una misma moneda, y los dos pueden tener una buena dosis de verdad. Lo único cierto es que los motivos de un rompimiento solo los conocen los involucrados y estos se revelan en la intimidad del lecho conyugal.

> *Es difícil que alguien te rompa el corazón.*
> *Generalmente eres tú mientras tratas de*
> *meterlo a fuerza en donde sabes bien*
> *que no cabe.*
>
> Alejandro Jodorowsky

¿Por qué te vas?

* Si tú dejas significa que ya empezaste el proceso previamente. El duelo lo vives dentro de la relación por lo que la separación resulta menos intensa.
* Si te dejan, la crisis y el rompimiento se vuelven más dolorosos porque se une el dolor del alma con el del ego, lo que alarga el proceso.
* Si empujas a que el otro se vaya porque no te atreves a irte tú, la crisis se centra en la culpa y el coraje, y el "divorcio" puede tardar mucho tiempo en concretarse.

Los hombres y el divorcio

Muchos hombres piensan que la palabra "divorcio" no va a existir en sus vidas salvo que ellos lo decidan. Pero casi nunca lo hacen. ¿Por qué? Suelen ser más flexibles en relación con el hogar y no quieren renunciar a él, sin importar las condiciones en las que vivan. No obstante, cada vez les queda más claro que las mujeres ya no quieren vivir en una relación sin sentido, y que somos nosotras las que hoy en día solemos poner la palabra "fin" al matrimonio cuando este ha dejado de funcionar.

¿Nos damos un tiempo?

También es cierto que los hombres suelen tener "más permisos" sociales para sus excesos y engaños. Suelen ser "más perdonados" ante una infidelidad. Suelen vivir la relación con "más libertades" y darse más *chances* en todos los aspectos.

Vicente, por ejemplo, estaba casado con una chava que conocía desde la secundaria. Luego de dos hijos e *ires y venires* se separaron definitivamente y se divorciaron. "El amor se había acabado hacía mucho", me cuenta ahora. Cuando le pregunté por qué no se separó antes me contestó con desfachatez: "Si ella no me hubiera corrido, yo seguiría ahí, tan tranquilo". Vicente no tenía ninguna prisa por irse porque podía combinar perfectamente a su esposa y a sus amantes; a sus hijos y las fiestas; sus "obligaciones" con sus placeres.

La forma más usual que tiene un marido de probar una posible separación es "pedir tiempo". En este caso no está del todo seguro de que aquello que "hay afuera de casa" vaya a funcionar o a mantener su atractivo, así que prefieren dejar la "vela prendida" antes del *break*.

Creo que muy pocos hombres se atreverían a decirle a su pareja: "Tengo ganas de acostarme con alguien más", y estoy segura de que casi ninguna mujer respondería: "Ve, hazlo, yo aquí te espero". Es tácito: piden tiempo; tú esperas a que "se le pase" —si es que así lo decides.

Si tu marido se va con otra mujer no significa que se quedará con ella, pero lo que sí es un hecho es que si lo que tiene contigo **ya no funciona**, la otra persona solo es un pretexto para atreverse a dar un paso que jamás habría dado por sí mismo. Si no regresa, o si regresa y te enteraste del engaño, de cualquier manera es muy probable que terminen en divorcio.

> *No te quedes en una relación*
> *en la que ya no hay amor sino solo*
> *"migajas" de amor.*
> Martha Carrillo

La "otra"

Precisamente ahora tengo que decirte algo que no te va a gustar: "la otra" no es la mala del cuento. No importa si solo quiere sexo o es una sanguijuela que le saca dinero; no importa si lo ama genuinamente y no acepta dádivas, o si hasta lo ayuda porque tiene mejores ingresos. ¿Qué más da? No se trata de ella sino de ti.

Respetar a la mujer (o al marido) del prójimo es un mandamiento que, como el de la gula, no todo mundo cumple. ¿Qué puedes hacer? Tu problema no es lo que hagan otros sino qué haces tú y cómo lo enfrentas.

Ya sé que te enfurece leer esto (si es que has pasado por un proceso de infidelidad). Quisieras que te dijera: "Todas son una zorras, malditas robamaridos, perras infames". Pero la que hizo el compromiso de fidelidad contigo no es ella; quien te debe respeto no es ella, es tu marido. No te engañes, ¡no se trata de ella!

Cuando estás ante la posible existencia de una amante tienes que estar preparada para saber la verdad. Tengo una amiga que se arrepintió de haber confrontado al esposo porque él aprovechó la ocasión para dejarla. "¿Para qué pregunté?". Todos conocemos casos (a lo mejor lo vives ahora en carne propia) en los que se han enterado que tienen otra familia, ¡y desde hace años!

Si decides quedarte a pesar del engaño y estás segura de que puedes vivir con él, adelante; aquí nadie te enjuicia, cada quien es responsable de sus decisiones. Si no puedes quedarte, no pongas la responsabilidad en el otro y mucho menos en un tercero. Ir a desgreñar a "la otra" no es más que un acto de venganza que proyecta el rencor que **no te atreves** a sentir por tu pareja, que es quien traicionó un acuerdo y a quien debes encarar (no dije "desgreñar"). Y voy más lejos: quizá con quien tiene más que ver es contigo y con el enojo que **sientes hacia ti** por no haberlo enfrentado a tiempo o por haberlo permitido.

Querer desaparecer a la otra *no* resuelve el meollo del asunto: ni siquiera se resolvería "desapareciéndolo" a él. Eres tú la que se rompió, a quien sus expectativas se quebraron, a la que el amor propio le dolió. Tienes que reconstruirte sola. Él no importa. ¡Se trata de ti!

¿Por qué fui infiel?

Ellos
"Porque necesito otras experiencias sexuales".
"Porque no me satisface mi mujer como amante, pero sí como compañera".
"Porque me siento poco valorado".
"Porque no esperé engancharme con otra persona".
"Porque mi amante me admira".

Ellas
"Porque él me fue infiel primero".
"Porque ya no me ve".
"Porque me siento sexualmente insatisfecha".
"Porque me enamoré de alguien más afín".
"Porque a mi amante le importa lo que me pasa".

Tu secreto se parece tanto a ti
que no me revela nada más de lo que ya sé.
Clarice Lispector

¿Qué sientes hacia tu pareja? (Se vale cualquier sentimiento).

Nombra cada emoción.

El otro, tu espejo

¿Recuerdas que unas páginas atrás te dije que retomaríamos la pregunta "¿Desde tu punto de vista qué es lo que tu pareja debió haber hecho?". Cuando decimos que el otro "debería haber dicho o hecho", más que hablar de él estás hablando de ti misma. Lo que ves en el otro es lo que tú tienes o no tienes. ¿Has escuchado la frase "Lo que te choca te checa"? Pues te explico.

Cuando piensas que el otro debió dar y hacer algo es falso; en una relación sana se da y se recibe en libertad. Lo que ves como carencia en él es muy probable que sea lo que tú misma no pudiste darle a tu pareja, y quizá ni siquiera a ti misma.

Proyectamos en la otra persona nuestros deseos incumplidos y nuestras carencias: "Es injusto que no me diera lo que merezco". "Tenía que haberme dado mi lugar". "Tenía que haber sido más amoroso, espléndido y lindo conmigo".

Si respondiste algo similar estamos ante el caso muy probable de: "Yo no me doy amor ni me pongo en un lugar de merecimiento". Y si yo no me trato bien, ¿por qué va a hacerlo el otro? "Tú me tratas como yo te permito que me trates, con base en cómo me trato yo misma". Duele reconocer esta verdad pero no podemos seguir engañándonos y lloriqueando por lo que el otro nos hizo —y le permitimos.

Así que cambia la pregunta: ¿Qué es lo que yo "tenía" o "debería" haber hecho?

Puede ser que, en efecto, el otro sea un desgraciado, una persona *non grata* que no puedes entender por qué la elegiste. Pero aun en esas circunstancias pregúntate qué deberías haber hecho, porque eso te saca del lugar de la víctima quejumbrosa y puede ayudarte a conocerte mejor y a hacerte responsable de tus decisiones y sentimientos.

Así que contéstate con toda honestidad; quizá te caches diciendo cosas que te sorprendan de ti misma y que te sean útiles en una futura relación para construir una mejor pareja.

Te quejas y te quejas de tu esposo…
Pero no te lo sacaste en una rifa,
¡tú lo elegiste!
Rubén González Vera

La infiel

También estamos conscientes de que los hombres no son los únicos infieles. En la actualidad también hay muchas mujeres que deciden poner los cuernos de una manera constante y abierta, ya que aburridas de sus parejas y sus rutinas deciden buscar otra opción.

Cuando te cacharon

Mi amiga Sofía tenía diez años de casada y casi los mismos de intentar tener un bebé. Como consecuencia de los tratamientos hormonales a los que se sometía mes a mes sufría de sobrepeso y no se sentía sexy en la cama, donde las relaciones sexuales estaban cargadas de estrés y monotonía porque siempre eran con reloj y calendario de fertilidad en mano.

En un evento *after office* conoció a un chavo más chico que ella y conversaron gran parte de la noche. Él le hizo notar lo sexy que era precisamente por no ser "como todas las demás". Eso la enganchó. De los mensajes pasaron al *sexting*. "Solo por divertirme, aquí no ha pasado nada", decía Sofía. ¡Hasta que pasó! Sus encuentros fueron muy candentes y la hicieron sentir revalorada física y sexualmente; pero siempre cuidó de no involucrarse de más con él: "Yo amo a mi marido, solo que mi amante me vuelve loca en la cama".

A las pocas semanas, cuando el esposo sacaba una foto con el celular de Sofía, vio un mensaje del chavo. En segundos descubrió todo: las fotos, los mensajes cachondos y las citas para encontrarse. Para qué te cuento la ira que se apoderó de él; de "puta" no la bajó (si sucede al revés, las mujeres los llamamos "traidores o desgraciados", pero no "golfos" o "putos") y estuvieron separados un par de meses. Sofía deseaba retomar su relación, así que cortó toda comunicación con el amante y nunca más volvieron a hablar.

Sofía y su esposo volvieron a vivir juntos con duras condiciones por parte de él, como exigirle a ella acceso a sus dos celulares (incluso al del trabajo), tener un espejo de sus *mails*, vigilarla constantemente y prohibirle la amistad de los amigos de la oficina que le presentaron al chavo. Al principio ella puso de su parte porque no podía con la culpa, pero la situación se tornó insoportable; el esposo, desesperado por los celos constantes, decidió dejarla.

Sofía, con 40 años, sin haber podido tener al hijo que tanto anhelaba, se sumió en un abismo de culpa y dolor en el que sigue atorada, como si su vida se hubiera terminado ahí mismo. "Él tiene razón", insiste, "soy una puta".

Eso nos lleva a…

Ay, la culpa

Obviamente, si te cacharon una infidelidad la culpa cobra sentidos insospechados y crece como la humedad. Si te divorcias sin confesarlo, también. Pero la verdad es que el azote mental te agarra igualmente si te dejaron o si dejaste, cualquiera que haya sido el motivo. La culpa es canija y no discrimina: "Si me dejó *seguro es por mi culpa*". "Si nuestra relación no funcionó *es mi culpa*". Incluso, si orillaste a la separación conscientemente te provoca culpa haberla generado.

También aplica cuando le echas la culpa al otro porque, como ya dije, las parejas son espejos: si estamos enfurecidos porque nos vieron la cara no vemos lo que hay detrás de esa infidelidad, solo queremos linchar al otro. Y si no la hubo, hay quien le achaca "el fracaso absoluto de esta relación" a su pareja y tiende a ver lo que el otro hizo mal sin mirarse a sí mismo.

"¿Cómo pudiste hacerme esto a mí? *¡A mí!*". Lo decimos como si fuéramos perfectos, inalterables y distintos a todos los demás. No somos santos, pero tampoco somos un monstruo de siete cabezas.

La inseguridad que causa la ruptura puede manifestarse como culpa. ¿Y esta para qué te sirve? Para nada. Impide que los duelos avancen e interrumpe los procesos de aprendizaje y aceptación.

Lo que no tienes que hacer cuando te dejan

- ✿ *Violentarte.* No pierdas los estribos, no golpees al otro. Eso te convierte en victimario, además de que desestabiliza tu centro y puede llevarte a situaciones en las que tengas que enfrentar a la justicia. Ante una ruptura inesperada tienes que tener claridad y fortaleza porque solo te tienes a ti para sostenerte. Contener la reactividad no es fácil, así que respira, cuenta hasta diez o utiliza cualquier método que te funcione para no convertirte en un volcán en erupción.

- ✿ *Gastar tu energía en el otro.* Ya sea que lo insultes, planees cómo dejarlo en la calle, mires sus redes sociales todo el día, abraces sus cosas con nostalgia o las quemes todas en una fogata, ¡no debe ser el centro de tu vida! Tú eres alguien antes y después de esa persona.

- ✿ *Que gane el orgullo.* No confundas la dignidad con el orgullo. Ser digno es tener amor propio y significa no hacerte daño de ningún modo; por el contrario, el orgullo incluye cualquier acción resentida o violenta (como envenenar a tus hijos contra el otro), o que te pongas en peligro (embriagarte hasta morir, dejar de comer, etc.).

El orgullo herido es sumamente peligroso: contrólalo.

✿ *Hacer del juicio de divorcio una batalla campal.* No querer ceder en cláusulas que favorecerían a las dos partes; querer exprimirlo económicamente; tomar de rehenes a tus hijos o no querer darles pensión alimenticia, es lo peor que puedes hacer. Alargas el proceso, lastimas a quien más quieres y te hieres a ti más que a tu ex.

✿ *Acosar a su amante, si es que existe.* Llamarla, quemarla socialmente o agredirla físicamente te hace sentir (y ver) peor a ti. Si la otra persona es parte de tu círculo cercano debes poner distancia o dificultará tu propio proceso y, sobre todo, te amargarás la vida con tu obsesión. No le entregues tu poder personal. Si no la conoces, no te conviertas en su acosadora, no gastes energía en ella ni te hagas el *harakiri* mental.

✿ *Abusar de sustancias.* Tomar alcohol en exceso, drogas, calmantes o pastillas para dormir solo engañará a tu cabeza. Las sustancias no resuelven la raíz del problema, solo dañan y distraen.

✿ *Stalkear.* No debes *stalkear* (acosar) cibernéticamente a nadie. Ni a tu ex ni a sus amigos ni a su amante ni a su nueva pareja. Cada vez que lo haces te agredes emocionalmente, como si lo hicieras con una navaja en tu cuerpo; así duelen las palabras, fotos, videos y "mensajes vistos" del otro, quien está tan tranquilo, mientras tú estás en el ácido. ¡Así de rudo!

✿ *Pelear o rogar.* Si estás en proceso de divorcio tus abogados están para encargarse de los "estira y afloja". No busques pretextos para hablar con tu expareja y acabar gritando por lo que estás pasando para que sepa "lo que se siente". Las *drunk calls* o las llamadas para rogar también son muy incómodas y mueres de arrepentimiento al otro día porque no logran nada. Corta la comunicación.

> *Si todavía te duele, todavía te importa.*
>
> Anónimo

Lo que no puedes ver

Dentro de una relación se tiene la mitad de la responsabilidad, para bien y para mal. No hay víctimas ni victimarios. Eres cómplice si no actúas ante la realidad que vives, y eres tu propio verdugo si no quieres soltarte.

Reconocer qué emoción tienes hoy y decirla en voz alta hace que pierda impacto. Si resistes una emoción, si luchas contra ella, esta persiste y toma fuerza. En lugar de eso reconócela, sé capaz de nombrarla, vívela, no le tengas miedo, y poco a poco irá perdiendo el poder y el control que ejercía sobre ti.

La idealización de la otra persona (pensar que es perfecta, verlo como un príncipe azul o una princesa), o de tu matrimonio (pensar que al casarte *tenías* que ser feliz) no es real. La imperfección es parte de la vida, y como tal hay que vivirla. De ahí la importancia de estar consciente de que todo pasa: lo que estás sufriendo ahora pasará. Nada es permanente. **Nada.** Todo termina: lo horrible y también lo maravilloso; la vida es un vaivén de situaciones donde todo es un constante cambio.

El cuarto oscuro

Una separación o divorcio es como meterte en un cuarto oscuro en donde no ves absolutamente nada. Al principio estás ahí, inmóvil, sin saber qué hacer o qué rumbo tomar; en ocasiones te sientes totalmente congelado sin poder pensar o sentir. Es como recibir un balde de agua fría que no esperabas, un *resquebrajamiento* de tu "estabilidad". Es algo que nadie planea ni tiene el deseo de experimentar porque, en pocas palabras, está de la fregada.

Por más enojo, miedo, dolor y frustración (y toda una larga lista de etcéteras) que sientas ahora en el cuarto oscuro, afuera te esperan la paz, la certeza y el amor. Tú tienes la llave para acceder a ello.

El primer paso para encontrar la luz es empezar por ver lo que sí tienes, en lugar de lo que no tienes y de repetirte cien veces al día: "Me dejooooó. No me merezco estooooo". Eso te mantiene atorada en el mismo hoyo. Mejor pregúntate: ¿qué es lo tienes más allá de tu pareja? De pronto olvidamos que somos seres humanos frágiles, que estamos aquí de paso y que en cualquier momento podemos irnos porque no tenemos la vida ni la salud compradas. Ya no está contigo tu pareja ni la vida que habías creado, pero piensa en lo que *sí* tienes, como estar vivo, tener capacidades, vivir bajo un techo, comer, vestir, tus hijos, tu madre, tus hermanos, tus amigos, tu perro fiel, tu propia casa, ¡tu trabajo! Detecta en tu realidad aquello que te haga sentir agradecido con la vida; míralo, valóralo, víbralo, aférrate a ello y no a tu odio-dolor-culpa-autocompasión.

Espero curarme de ti en unos días.
Jaime Sabines

El poder del agradecimiento

Resulta que las emociones vienen del mismo lugar: el cerebro. El orgullo y la vergüenza, la culpa y la felicidad vienen del circuito neurológico ubicado en el córtex prefrontal, la amígdala y la ínsula. Esto quiere decir una cosa: si produces culpa también puedes generar **felicidad**.

La gratitud activa el neurotransmisor de dopamina, y esta te hace sentir feliz, como en las nubes. Si todo el tiempo estás generando sustancias químicas negativas, tu cuerpo se acostumbrará a ellas. Reconstruir tu autoestima ante una situación como esta no es nada fácil, pero ayúdate, no te sabotees.

Poner la mirada en lo que te hace sentir afortunada te ayuda a salir del drama y nos llena de energía positiva.

Cuando una puerta de felicidad se cierra,
otra se abre. Pero con frecuencia miramos
tanto a la puerta cerrada que
no somos capaces de ver la puerta que
se ha abierto frente a nosotros.

Helen Keller

Una píldora de gratitud

- ✿ ¿Qué sí tengo en mi vida, hoy?
- ✿ ¿Quiénes me aman?
- ✿ ¿Qué me hizo sonreír las últimas 24 horas?
- ✿ ¿Por qué pequeño detalle doy las gracias hoy?

Activa tu ser

✿ Crea una red de apoyo: identifica a quienes te quieren y se preocupan por tu bienestar. Eso te hará sentir consuelo, cariño y gratitud. No escojas a cualquiera. Busca a tus mejores amigos. Aprende a ser discreto y elige bien.

✿ No dejes que el teléfono sea tu única forma de comunicarte ni te aferres a él. Procura no chatear, es impersonal y produce ansiedad. El no obtener respuesta inmediata de tu ex o ver que leyó tu mensaje y no contestó, o que está "en línea" pero no contigo, puede hacerte presa de la angustia. Busca el contacto físico: los abrazos y las miradas cálidas que ayuden a reducir el dolor significativamente.

✿ Goza tus espacios. Si tu estado de ánimo no está para salir porque no tienes energía o temes arruinarles la velada a tus amigos con tu drama, consiéntete en casa (con una película o una serie, por ejemplo), ¡y apapáchate!

✿ No malgastes horas y energía en verbalizarlo todo. Habla, pero escucha; comparte otras anécdotas y deja que tu gente querida te cuente sus éxitos; date la oportunidad de sentirte feliz por otros.

✿ Si tienes hijos abrázalos, apapáchalos y escúchalos. Hazles sentir lo importantes que son para ti; eso, además, te dará fortaleza.

A mil revoluciones por segundo

Estar frente a una separación provoca mucho miedo, angustia y ansiedad, especialmente después de años de convivencia con una persona. ¿Cómo será mi vida ahora? ¿Qué haré para tener una economía propia? ¿Cómo serán las dinámicas con mis hijos? ¿Volveré a encontrar el amor? ¿Dónde voy a vivir?, son algunas de las preguntas más comunes que surgen ante el rompimiento de nuestra estabilidad emocional.

Lo desconocido da miedo, mucho más si viene acompañado de lágrimas y decepciones; así que respira, siéntate, escúchate y aprende a hablarte.

Estás en un momento lleno de imágenes mentales que creerás no poder sortear, pero lo harás. Tendrás que enfrentar el duelo, pero como los héroes de las películas, saldrás más fuerte, más poderosa y consciente de quién eres y qué quieres. Déjate llevar, no opongas resistencia. No estás sola: te tienes a ti.

Créeme, tú eres tu mejor regalo en este momento. En ti están todas las respuestas, en ti hay infinitas posibilidades para reconstruir tu vida. Yo creo en ti… ¿Tú crees en ti?

*Si necesitara de alguien que
esté conmigo todo el tiempo,
esa persona debo ser yo mismo.*
Jorge Bucay

4

Sobrevivir al duelo

Imagínate el cuadro: tú en una tina de agua caliente, triste y sola. En tu iPod escuchas una y otra vez la canción que él te dedicó cuando se conocieron y todo era felicidad, romance y pasión. Después pones la canción corta venas que escuchaste en algún momento en Spotify, en el radio o que viste en el muro de alguien, y te miras en el espejo llorando, reconociendo el sufrimiento que estás depurando, porque cada compás de esa canción es una lágrima gruesa y salada que sale de tu alma dolida y tu ego lastimado. Han pasado horas y no has salido del baño; cuando lo haces es para meterte a la cama y continuar lamentándote, porque ¡ah, cómo duele su maldita ausencia!

La tanatología define tres situaciones del ser humano como las más traumáticas que se presentan en la vida: 1) la muerte de un ser querido, 2) el divorcio o separación, y 3) la mudanza. Todas tienen que ver con pérdidas y cambios. Si el divorcio es la segunda causa, te podrás imaginar lo fuerte que es y lo que implica superarlo.

> *En toda separación hay una imagen*
> *de muerte.*
>
> George Eliot

Los primeros momentos

El cuadro que imaginaste es la manifestación del vacío, la incertidumbre, el miedo, la culpa y el dolor provocados por el divorcio. Y, al menos en mi opinión, vale la pena vivirlos al máximo. No, no es que sea masoquista, es necesario hacerlo para depurarlos, sacarlos y *exorcizarlos*, pero siempre y cuando no te quedes atorada en ellos para hacer de estos sentimientos y emociones tu nuevo hogar.

Si, por el contrario, no los vives y no los extraes de tu interior, pueden adquirir una fuerza parecida a un volcán que en el momento menos esperado explotará, haciéndote perder el control y dominándote.

Después de mi divorcio y en alguno de mis rompimientos más importantes puedo decir que soy de las que llora, se deprime, saca el dolor, el enojo y los miedos, para luego comenzar, poco a poco, a sanar la herida y retomar todo mi ser sin haber dejado "cachitos" en el camino.

Dura lo que dura

No importa si estás convencida de que fue el amor de tu vida, porque si el otro ya no está a tu lado ya no lo fue. A lo mejor lo que pasó fue que en el camino te olvidaste de ti y te fundiste en él, perdiste tu mundo y tus sueños por tomar los de él, por eso sientes que se te va la vida ahora que no está, porque se la diste entera y tú te quedaste vacía. Pero si te separaste y el divorcio ya está en marcha, piensa en las razones que lo provocaron y mantente firme. No entres en el proceso de la ilusión: "Y si vuelve". "Y si se arrepiente". "Y si… Y si… Y si…". Eso solo te estanca y no te deja seguir con el duelo para posteriormente llegar a la liberación.

A este mundo venimos a aprender y a evolucionar. Vivimos muchas pérdidas a lo largo del camino, y cuando se trata de la ruptura con alguien con quien hiciste un proyecto de vida, al salir de la tormenta serás más consciente de lo que deseas para la próxima vez que empieces con un nuevo amor. Y si este también se acaba, el aprendizaje que estás teniendo ahora te permitirá vivir esa ruptura con mayor entereza y aceptación.

Dicen que una relación dura lo que "dura dura", y solemos tomarnos esto como un albur, pero tiene algo de verdad: hemos comprado la idea de que al casarte serás feliz para siempre y que el amor es eterno. Pero **no es cierto**; el amor no es "algo" que se adquiera o tenga garantía, ni siquiera es atemporal. No tiene vida propia; si no lo alimentas agoniza y se muere. Es claro que las relaciones duran lo que tienen que durar con base en lo que hagamos por ellas —y claro que existen parejas que sí logran vivir un amor "eterno"—, pero lo que la realidad nos demuestra es que la ruptura de un amor es eso: **la ruptura de un amor, no el fracaso de una vida entera.**

El divorcio no es el fin del mundo. ¡Te lo aseguro! Sí es necesario pasar por el duelo, pero esta es una etapa que también terminará.

El duelo es el proceso en el que enfrentas la pérdida y la aceptas para aprender y sacar provecho de aquello que perdiste. Tus emociones son inflamables. La ausencia del otro duele hasta en las paredes de tu casa; pero la sanación está en mirarte y encontrarte. Si yo estoy bien estaré bien con el otro —con el que venga—, pero sobre todo estaré bien en la relación más importante que existe: **conmigo misma**.

Las piedras con las que nos topamos en el camino son cíclicas y no se irán hasta que no las superemos; por eso la evolución viene sí o sí. No concluir un duelo te lleva al *no* aprendizaje, a volver a tropezar y a cargar con un cúmulo de dolor como un costal de piedras. Los duelos no resueltos te hacen cada vez más frágil y vulnerable, no solo en el amor sino en todos los escenarios de tu vida.

Me gustaría pedirte que te rindieras ante la realidad, pero no en un sentido derrotista, sino en el significado de *asumir*: reconoce lo que sientes y acepta la situación sin intentar salvarla cuando es claro y obvio que ya no da para más; el otro ya no está contigo y esa relación está rota, ya no puedes cambiar el pasado pero sí puedes aprender de él. ¿Para qué vivir en él si el presente está lleno de posibilidades?

> *Solo hay algo peor que pactar un divorcio a la ligera:*
> *prolongarlo indefinidamente como un herido*
> *de guerra que tarda meses en arrancarse una esquirla.*
> Enrique Serna

Las etapas del duelo

Negación. No aceptar que la relación ha terminado y resistirse a ello; mantener la esperanza de que volverá.

Ira. Irritabilidad hacia la expareja y hacia uno mismo ante la culpa: odiarlo de tal forma que ninguna otra emoción tenga cabida.

Depresión. Tristeza y dolor; sufrimiento exacerbado: no ves más allá de lo que sientes y te quedas inmóvil.

Negociación. Ofrecer a un ser supremo una manda o promesa personal; desarrollar un nuevo hábito a cambio de olvidar a la expareja o que regrese a nuestra vida.

Aceptación. Reconocer que la relación ha terminado y empezar una nueva rutina de vida total: salir del cuarto oscuro y ver que existe la luz.

Abro los ojos, todavía estoy vivo,
en el centro de una herida todavía fresca.

Octavio Paz

Tu propio duelo

En mi experiencia te puedo decir que el duelo es una espiral: hoy puedes estar en una etapa y en un mes regresas a la anterior que creíste ya superada. No existe un manual para vivirlo. Todos lo sentimos de manera diferente, dependiendo del momento de tu vida y de cuándo se rompió la relación.

Ten presente, también, que el otro tiene su propio proceso y un duelo que vivir, así haya sido una separación en la que los dos estuvieron de acuerdo. A lo mejor él logra salir del duelo antes que tú. Pero hay una realidad en ambos duelos: no se pueden evitar.

Esa persona representa una parte de tu vida que no es posible borrar, y lo primero que tienes que hacer es no arrepentirte de lo vivido ni pensar que te casaste por error —aun si fue así—, o si hubo momentos terribles. Lo hiciste y estás aquí. Recuerda: **cada quien hace lo que puede con las herramientas que tiene en cada momento de su vida.**

Sé compasiva contigo. Ya sea por decisión propia o por la del otro estás en este punto y puedes optar por seguirte quejando y desperdiciando tu vida, o por cambiar y crecer como ser humano. ¡Elige tu vida y tu bienestar! Eso es la evolución: un camino hacia la paz y la tranquilidad.

El proceso de sanación

Paso 1. Vive el tiempo de tu duelo sin apresurarlo. No trates de escapar. Dale tiempo al tiempo. En promedio el duelo dura de seis meses a un año; después de este periodo si trabajaste en ti podrás decir: "Prueba superada".

Paso 2. No quieras llevar este proceso sola. Recurre a tu red de apoyo; el desahogo y la comprensión de quienes te quieren es básico. Considera una terapia (psicológica, espiritual, etc.), o recurre a alguien en quien confíes.

Paso 3. No te llenes de culpas y arrepentimientos. No puedes cambiar nada; pensar en ese pasado con remordimiento solo te estresa y no te deja ver lo importante que es el aprendizaje.

Paso 4. Déjalo ir poco a poco hasta aceptar que se acabó. Esta parte del proceso es la más difícil, pero afortunadamente también es la más importante porque de aquí surge la conciencia y el conocimiento de ti misma.

Paso 5. Reactiva tu vida con calma, desde otra perspectiva y otro lugar emocional. Esto significa no intentar cambiar todo lo que has reconocido de ti ni tu estilo de vida. Los ajustes de vida y pensamiento se van dando paso a paso cuando tomas conciencia. No los fuerces.

Siéntate, date unos segundos, respira profundamente, cierra los ojos y siéntete a ti misma. Pon tu atención a la altura de tu corazón; si un pensamiento llega, déjalo ir, no te enganches en él, calma tu mente y ahora pregúntate:

¿En qué etapa te sientes ahora?

_____

_____

_____

¿Cómo te sientes?

_____

_____

_____

¿Cuáles son tus miedos?
Apúntalos, porque tenerlos presentes y conscientes ayuda a quitarles fuerza.

_____

_____

_____

El miedo

No es fácil lidiar con la pérdida y la ausencia cuando tienes miedo; tras dar el primer paso para la separación puedes desear buscarlo y hasta volver con él por temor a la soledad, que es lo más frecuente. Reconocer ese miedo te ayuda a no caer de nuevo en lo que vienes huyendo. Sí, temer es normal, solo evita que eso te conduzca a dar un paso atrás.

Si revisas tu relación podrás detectar que incluso estando con tu pareja ya vivías momentos de soledad, tal vez no tan amenazantes porque estabas revestida de la ilusión de la "presencia" del otro, pero finalmente vivías una soledad "acompañada".

Si te divorciaste o estás en el proceso es porque en gran medida ya has vivido esa soledad, por lo que la sensación es conocida, solo se incrementa con el rompimiento. Pero en ti está todo el potencial para enfrentar ese miedo y la sensación de quedarte en total vulnerabilidad.

Hay miedos más concretos: el miedo a quedarte sin dinero, ya sea que te mantengan o que te provean, aunque tú seas productiva. La sensación de desprotección es muy común al divorciarte porque hay ciertas labores que los hombres realizan sin que tú te preocupes (desde la tubería que se rompió, el coche sin verificar o el foco sin cambiar o quizás hasta pagar la casa y tu tarjeta de crédito), o bien porque ahora con la única que cuentas es contigo.

Empezar a resolver esas situaciones de la vida cotidiana por ti misma, con ayuda de tus vecinos, amigos, hijos o sola es un gran paso para enfrentar el miedo. Cada cosa que resuelvas te va a ir dando seguridad aunque te sientas en plena "orfandad". Por muy insignificante que parezca, cada paso cuenta. Recuerda que la independencia económica es parte de tu libertad.

Si nunca has trabajado, siempre existe la posibilidad de empezar. Todos somos hábiles para algo; detecta en qué lo eres. Si tienes una carrera, actualízate, ¡o aprende un nuevo oficio! Rompe el terror a buscar trabajo; no importa la edad que tengas, ¡hazlo! En cambio, si siempre has sido una mujer productiva, aunque sientas que sola no vas a poder con todo, sí puedes, y a lo mejor esta ruptura es el motor que necesitabas para continuar cosechando logros profesionales.

En mi caso, el convenio de divorcio no incluía ningún apoyo económico para mí, y aunque fue muy duro en un principio, fue justo lo que me motivó a ser una mujer independiente. Hubo quincenas en que apenas lograba llegar, pero eso hizo que tuviera que moverme para salir adelante, y hoy en día peso que tengo es peso que he ganado yo misma. Créeme que la independencia económica es vital, te da una seguridad muy importante porque solo dependes de ti y no del otro. Así que no temas, sí se puede.

> *La única libertad que existe es*
> *librarse de las cadenas de los miedos*
> *y los deseos.*
> B.K.S. Iyengar

¿Qué perdiste, además de a tu pareja?

_____

_____

_____

¿Por qué te sientes huérfana?

_____

_____

_____

¿En qué áreas de tu vida te sientes desprotegida?

_____

_____

_____

¿En qué áreas te sientes abandonada?

¡Ah, cómo duele!

El miedo es el primer escenario, pero este viene seguido del dolor, que puede tomar dos caminos: la tristeza o el coraje profundos. Siempre hay uno que pesa más que el otro, y ambos llevan a pensamientos obsesivos, desesperanzadores, y por momentos, hasta a malestares físicos.

Como la Magdalena

Los primeros días y las primeras semanas estarás muy sensible; date el permiso de contactar con tu tristeza y tu coraje; no reprimas tus emociones en soledad, pero piensa que el duelo se vive a plazos: hoy lloro, pero solo por hoy. Hoy miro las fotos, pero solo por hoy; hoy no lo *stalkeo,* pero solo por hoy. Cual si se tratara de una adicción, debes marcarte plazos de 24 horas para enfrentar el dolor o corres el peligro de que estas actitudes se conviertan en un hábito, y dudo que quieras eso.

La saboteadora

Es físicamente imposible que una persona esté triste ciento por ciento del tiempo, pero tendemos al drama porque en gran medida se convierte en nuestra zona de confort: comenzamos a sentirnos "bien" compadeciéndonos, quejándonos y sufriendo. ¿Y sabes qué?, depende únicamente de ti salir de ese círculo vicioso, nadie puede hacer nada salvo tú.

Es como cuando te quejas porque estás pasada de peso pero no haces nada por cambiarlo; alguna recompensa debes tener porque sigues igual; a lo mejor te sientes más segura porque no eres tan atractiva. Todos tenemos pensamientos saboteadores que nos destruyen, ¡y no deben dominarte!

Por eso es importante generar momentos individuales que te saquen de tu "pesar" y de estarte lamentando por tu suerte. Mucho mejor si son actividades ajenas al trabajo y a tu rutina diaria. Así como te das momentos para llorar, recordar y gritar o no dormir por estar *stalkeando* o pensando qué hace tu ex, date ese tiempo para hacer algo positivo para ti, como leer un libro, planear un viaje o iniciar un nuevo proyecto.

Sé que igual no tienes ganas ni de imaginarte viviendo cosas nuevas, pero comienza a hacerlo: recuerda que todo empieza con una idea, y esa idea te puede llevar a una nueva realidad que **sí merezcas**.

> *Mientras "ellos" quieren libertad,*
> *"ellas" quieren estabilidad,*
> *motivo de muchas separaciones hoy en día.*
> Martha Carrillo

La gata en celo

Otra manifestación de dolor puede ser la búsqueda de sexo casual constante como una forma de maquillar la realidad, o evadirla. Es una manera distinta de buscar afirmación, de ser vista y sentirte deseada; se da con mayor facilidad si tu pareja se mantuvo alejada sexualmente, se fue con otra o sientes que te reemplazó. La conducta de la "gata en celo" es andar con uno y con otro y llenarte de parejas sexuales como una suerte de anestesia emocional.

Cuando hay mucho dolor buscar sexo es síntoma de que no quieres tocar tus sentimientos y trabajarlos; el ego está tan dolido y hay tal enojo que quieres vivir la vida "hoy, al máximo" y no te importa nada más. Te urge que alguien de afuera te reafirme y te haga sentir valiosa, aunque a veces el efecto pueda ser contraproducente y al final te quedes más vacía.

No se trata de juzgar las relaciones sexuales si estas tienen como único fin el gozo y la satisfacción placentera; aquí de lo que te hablo es de que se vuelve en un problema cuando nos abrimos a la sexualidad sin medida, casi sin importar con quién se comparte la cama, porque lo único que importa es que te hagan sentir bien aunque esa sensación dure lo que el acostón, es decir, "solo se está buscando reafirmación externa".

En la actualidad lo hacen ambos sexos; antes eran ellos quienes se iban a ligar de inmediato y tenían distintas parejas sexuales, pero hoy en día hay más mujeres que asumen esta conducta. En los dos tiene el mismo origen: evadirte de una situación que no es posible controlar ni cambiar, y el miedo a pensar "no soy suficiente" y que quizá no lo seas nunca para nadie más.

Por ello, si vas a tomar el camino de la gata en celo debes estar segura de algo: el sexo es lo que es y no va a cambiar tu estado de ánimo de manera permanente. Es lógico que después de mucho tiempo de tener sexo con una sola persona, y más si fuiste fiel, quieras salir y conocer otros cuerpos o sentirte "libre", pero hay una delgada línea entre tu deseo y la fragilidad emocional que pide a gritos: "Tú sí valórame". "Tú sí deséame", y esto es peligroso porque al final del camino puedes llegar a sentir un mayor vacío existencial.

Un clavo no saca otro clavo

No dudo que una de esas nuevas personas te guste o te haga sentir contenta y consolada con su compañía, pero no debes confundirte.

Corres el riesgo de "enamorarte" o de crear expectativas que te enredarán más. Un clavo no saca otro clavo: lo hunde más. Los amores transitorios solo funcionan para hacerte ver que estás dando un paso adelante, pero generalmente esa persona *no* es la definitiva.

Muchos hombres caen en la necesidad de irse a vivir con la primera mujer que se les atraviesa para no estar solos; es más común en ellos. Las relaciones con personas recién separadas tienden a no funcionar porque muchos aún están enganchados con el o la ex, están en pleno duelo y por ello inician una relación como escape.

Claro que si en el proceso conoces a alguien que parece ser todo lo que has soñado, no significa que salgas huyendo; hay quienes pueden acompañarte en tu duelo, pero no estés buscando y no te aferres a cualquiera. Sé juiciosa. Mi consejo es terminar el duelo antes de pensar en una pareja con la que desees una relación real. Si te sientes desesperada cómprate una planta, adopta un perro o un gato... ¡Es en serio!

Esto es como cuando vas al súper con hambre: metes en el carrito todo lo que encuentras, y si es comida chatarra, ¡mejor! El hambre te hace comer lo que sea; lo mismo pasa con el amor... El desamor te lleva a "consumir" a cualquiera y esto puede hacerte mucho daño y lastimarte más, porque ese tipo de relaciones están basadas en la satisfacción inmediata; si las puedes manejar, está bien, pero tengo la impresión de que muchas mujeres tendemos a mezclar los sentimientos con el sexo y es ahí cuando las cosas se complican.

El hambre que es más difícil de saciar
es el hambre de hombre.
Anamar Orihuela

Tu dolor, mi dolor

Ellos
- Tienden a no exteriorizar lo que viven.
- Generalmente no lo comparten con otros hombres.
- Salen y se enfiestan para disfrazar el dolor.
- Empiezan a salir con otras mujeres en busca de autoconfirmación o por evasión.

Ellas
- Verbalizan demasiado su dolor.
- No salen, se encierran en el trabajo o la vida doméstica a "lamer sus heridas".
- Juran no querer saber nunca más del amor ni salir con nadie.
- Salen con otros hombres y se funden en ellos.

¿Qué quisieras decirle a tu ex?

Hazlo aquí, es tu espacio para decirlo todo, sin límites ni censura.

¿Y cómo le hago?

En esta etapa del duelo te sigues sintiendo fatal, triste, enojada, rechazada, no valiosa, vulnerable o dolida y llena de incertidumbre, con una profunda angustia por el futuro. Darte cuenta de lo que sientes es vital, porque reconocer tus miedos y tus expectativas frustradas es el primer paso para sanar; hacerte consciente es muy importante y te hace plantearte una gran pregunta: ¿y ahora cómo le hago?

Salir del duelo conlleva voluntad y el empleo de técnicas que pueden ayudarte a liberar la ansiedad y el estrés. Calmar la mente ayuda a tomar mejores decisiones y a encontrar tranquilidad en medio de la tormenta. Te comparto algo de lo que puedes hacer para tratar de salir más rápido de la triste oscuridad del alma.

Salir del hoyo

✿ Piensa en ayudar a alguien que te necesite, ya sea para un trabajo o un asunto personal. En la filosofía de la Kabbalah se dice que ayudar a otros te hace salir de tu ego, es darte cuenta de que hay más vida más allá de tu "tragedia".

✿ Si un pensamiento te hace daño, quítale el único poder que tiene: tu atención.

✿ Baila, canta, escribe, lee, alimenta lo bonito de la vida.

✿ Pregúntate si en cinco años lo que estás viviendo ahora tendrá la misma importancia. Recuerda: todo pasa.

✿ Retoma tu camino espiritual. Este no es otra cosa que vivir en el presente y conectar con el amor. No es necesario convertirte en un iluminado, estar "zen" o practicar el "Om". Si respetas a los otros y a ti mismo, si no te haces daño ni dañas a los demás en forma intencional, si eres responsable de tus acciones y buscas tu bienestar y el de los otros, entonces llevas una vida espiritual. Conectar con esa parte tuya te devolverá la alegría, el centro y la paz.

La gente se arregla todos los días el cabello,
¿por qué no el corazón?

Proverbio chino

Muévete

Dicen que no hay mejor dieta que el divorcio, "porque te pones flaca de la pena"; pero hacer dieta y ejercicio para sentirte mejor es más positivo, ¿no crees? Ahora que si cortarte, pintarte o ponerte extensiones en el pelo te hace sentir un poco más animada, ¡hazlo!

Es posible que el descuido físico venga desde el matrimonio; si es así, sé honesta y admite: "En esta mujer me convertí y no quiero seguir siéndolo". Ahora tradúcelo a lo emocional y a todos los aspectos de tu vida: ¿quién quieres ser ahora? Ese es el mayor reto del proceso, pero también el mayor regalo porque estás consciente de que existe la opción de **reinventarte.**

Para llegar a la reinvención es muy importante la aceptación: ¿quién eres? Sé honesta, la aceptación propia es muy importante para construir tu autoestima: todos buscamos que la aceptación venga del otro porque no nos enseñan a amarnos ni a valorarnos. Tendemos a ser muy críticos con nosotros, pero no es el momento para criticarte ni en lo físico ni en lo emocional, sino de echarte el *clavado interno* para sentirte mejor contigo.

Tu nuevo tú

- ✿ Cambia de *look*.
- ✿ Renueva tu casa o tu habitación.
- ✿ Busca una actividad física que elimine el estrés y te ayude a encontrar tu centro.
- ✿ Medita.
- ✿ Practica manualidades o lecturas para mantener tu mente ocupada en otra cosa que no sea el rompimiento.
- ✿ Acude a tu red de apoyo (las buenas amigas son la mejor terapia) o a ayuda profesional.
- ✿ Utiliza las redes sociales para interactuar con amigos y personas divertidas.
- ✿ Ve al cine, al teatro, a conciertos o museos.
- ✿ Fíjate un nuevo reto, sea cual sea.
- ✿ Viaja.
- ✿ Aprende a bailar.

Si no lo pienso, no lo sufro.
Byron Katie

Dándote gasolina

Una de las formas primarias para dar cariño a uno mismo es alimentar el "espíritu" con música o con películas o lecturas que nos causen risa. En el primer caso, el cerebro reacciona a diferentes tipos de melodías en el hemisferio izquierdo, donde se activan ciertas zonas como el hipocampo, que secretan sustancias naturales como la endorfina, asociada a la felicidad.

Nuestro estado de ánimo puede elevarse con canciones que nos recuerden tiempos felices o que simplemente sean divertidas. Escoge un *playlist* que te anime y ponlo a todo volumen.

Lo mismo sucede con la risa. Si ves una película cómica o lees un libro divertido tendrá un efecto en tu cuerpo que te hará sentir libre del drama. La risa particularmente tiene el poder de lanzar montones de endorfinas en segundos, ¡en segundos!

Aleja los malos pensamientos

Son aquellos pensamientos automáticos irracionales y negativos, en nuestra contra o de alguien más: "Soy estúpida y por eso me puso el cuerno", o "Seguro *ahorita* está con otra mientras yo estoy sufriendo por él". Son exagerados, dramáticos e irracionales porque no provienen de hechos objetivos y no obedecen a la realidad.

Si te asalta un pensamiento obsesivo, rencoroso o culpígeno detente, y si puedes, escríbelo. Eso te permite verlo desde afuera y darte cuenta de que tú no eres ese pensamiento y que puedes restarle poder o bien destruirlo. Ahora pregúntate: ¿por qué me sigue enojando el pleito que tuvimos hace un año si ya no estamos juntos? ¿Por qué sigo cargando su infidelidad si hace meses se rompió todo entre nosotros?

Cuando distorsionamos los hechos los magnificamos, generalizamos o tomamos como personal todo lo que hace el otro sujeto: "Seguro *hace o dice esto* para lastimarme"; ello solo nos conduce al masoquismo.

Una vez que tengas escritos e identificados los pensamientos, responde sinceramente hasta dónde es verdad lo que crees: ¿hay evidencias sólidas que lo confirmen? Y cuando hablo de "evidencias" me refiero a esto: si él te llama y te dice que "te odia y que no va a darte ni un peso", entonces es un hecho, sus palabras son exactas y puede actuar en consecuencia. Pero si te dice que "está pensando en comprar una casa", y tú entiendes que no te va a dar pensión y va a meter a otra mujer, es una distorsión e interpretación tuya.

El origen de la angustia está en darle paso al pensamiento distorsionado; así que piensa: "¿Y si fuera verdad? Y si me odiara y ya viviera con otra, ¿sería el fin del mundo?". **No**. Esa simple respuesta te dará la tranquilidad para saber que incluso en el peor escenario saldrías adelante, como has salido en otros momentos de tu vida.

Dicha claridad solo llega cuando dejas de hacer juicios sobre ti, sobre el otro, y te quitas de encima la culpa y el drama. Reaccionamos ante la fuerza del pensamiento a tal grado que nos condiciona todos los días; pero los pensamientos son hábitos y no tienen libre albedrío, eres tú quien les da significado. Si los vuelves positivos te llevan al bienestar. Ve las cosas realmente como son y no como las interpretas desde del momento emocional en el que estás. Notarás el cambio.

Cuando observas que tu reacción no está basada en un hecho real sino en una suposición, tu pensamiento negativo disminuye, y por lo tanto se modifican tus emociones.

La verdadera rutina consiste en transformar
las creencias irracionales en racionales
todos los días.

Rafael Santandreu

Calma tu pensamiento

❀ ¿Qué acción de la otra persona te lastima? ¿Es realmente grave o tú la haces ver grave?

❀ ¿Tienes la certeza absoluta de que actuó solo para molestarte?

❀ ¿Qué te gustaría que cambiara esa persona? Por más que te guste, no puedes hacer nada, no tienes control sobre lo que haga o diga, es su decisión. Sobre lo único que tienes control es sobre cómo reaccionas tú.

❀ ¿Qué tendría que hacer el otro para que tú te sintieras bien? En realidad, nada. Lo que haga el otro te afecta o no según lo interpretes con base en tus creencias; es **tu** pensamiento y cómo ves las cosas lo que te hace sentir de una forma u otra. Lo mismo al revés: piensa en que todo lo que haces es por sentirte mejor tú y que no está en tu control cómo interpretan o reciben otros tus acciones.

❀ Hacer conciencia del poder de tu pensamiento puede cambiar **cómo vives tu vida**.

Ahora haz el ejercicio y escribe dos listas. En una apunta todo lo que te ha lastimado según lo has vivido; en otra los hechos reales y comprobables y compáralas.

No seas dramática

❀ Nuestra cultura ha hecho del drama algo aceptado, pero no por ello es sano. El pensamiento obsesivo te acaba, por eso debes ver con objetividad, no con la pasión de las emociones ni con el espejo de la fantasía.

❀ El drama es pensar en lo que dirá o hará esa persona a partir de lo que tú hagas; es poner canciones tristes, mirar los regalos que te dio alguna vez o las cartas que te escribió. Es llorar cuando no deberías hacerlo porque ya has superado esa etapa. Es quejarte a cada instante de la ruptura. Es arrepentirte de cada momento vivido.

❀ Alejarte del drama es celebrar tus pequeños logros, como sentirte alegre, avanzar en tu proyecto actual, tachar un día más sin tomar alcohol, sin llorar o comer compulsivamente o *stalkear*; es haber comprado un nuevo colchón o renovado tu recámara; levantarte más temprano para hacer ejercicio o cualquier otro cambio positivo que haya llegado a tu vida desde que esa persona se fue.

❀ Vivir fuera del drama es ver lo que creciste en esa relación: tal vez pudiste descubrir tu capacidad de dar y de amar o de creer y crear, en lugar de ver solo lo que, según tú, hiciste mal; porque bien dicen que no existen los fracasos sino las experiencias que te llevan a conocerte mejor.

*Experiencia es el nombre que damos
a nuestras equivocaciones.*
Oscar Wilde

El lado positivo del desamor

Aunque no lo creas, el desamor también puede dejarte cosas buenas. Obviamente, nadie quiere pasar por una experiencia así, pero si ya estás ahí sácale el mayor provecho posible y quizás hasta descubras un nuevo camino.

Hay personas que para liberar el desamor que sienten han compuesto miles de canciones y han escrito miles de historias con base en ese sentimiento. Tengo una amiga que para "rescatarse" de esa etapa se metió a estudiar *coaching*, y resulta que hoy vive de dar terapia, y le va muy bien.

En mi caso, admito que el desamor me sienta bien a nivel creativo; en un duelo de ruptura comencé a escribir mi primera telenovela, y en otro mi primer libro. Pude haberme sentado a quejarme por meses de mi dolor —porque al igual que a ti me rompió el alma—. Y sí, en una época lloré, me lamenté y estuve en el cuarto oscuro, pero en cuanto vi la mínima luz me aferré a ella y busqué otra forma de depurar y sanar mi dolor.

Cada quien tiene sus propias habilidades y talentos. Aventurarte a buscar el tuyo es una forma de sacarle provecho al *desamor.*

Cuidado con el bache

Por supuesto que durante el duelo hay días buenos y días malos; estás en una especie de montaña rusa de emociones, así que mientras no logres la estabilidad lo mejor es cortar la comunicación con el otro; sé que a veces no es posible porque te lo encuentras, porque tienen hijos o trabajan juntos. En este caso lo importante es evitar la comunicación íntima.

El peligro de hablar de sus emociones es alargar el duelo. Piensa en esa persona como si estuvieras en rehabilitación de una adicción: has dado el paso más importante como para recaer, y si lo haces al llamarlo o responderle un mensaje, apenas deje de hacerlo tu crisis de abstinencia será tan brutal como el primer día.

Con el tiempo el proceso natural de la ruptura llevará a la indiferencia de alguno de los dos; si es hacia ti y no has llegado a ese punto, va a dolerte más, pero recuerda que ignorarse y mantener la distancia es la mejor forma de romper con el ciclo de sufrimiento. No seas masoquista.

Si tienen un negocio común, trabajan o estudian en el mismo lugar, la noticia es que tienes que acostumbrarte a saber que está ahí y a trascender su presencia. Sé cortés, inteligente y decente, pero si no tienes nada que hacer en la reunión de la tarde y él va a estar, no acudas. Una cosa es tener que verlo cuando no hay opción y otra es *querer* verlo. Si de verdad quieres romper con esa persona, ¡rompe!

Hay otra variante de los encuentros que suelen darse durante el proceso de duelo, y son los sexuales. Si esto sucede, el enganche se fortalece. Los clásicos "Te extraño" y "Nadie me prende como tú", solo se dicen para llegar a la cama, porque una vez satisfecha la necesidad el otro toma sus cosas, se va, y el vacío que deja es todavía más grande, pues la ilusión de que haya "regresado" se evapora.

Este vacío se agudiza más si de un día para otro "la esposa" se convierte en "la amante" y queda la sensación de que "bajó un escalón", aunque no se hayan firmado los papeles de separación. Si un miembro de la pareja decidió terminar será más fácil poder superar la etapa de duelo si no hay cama de por medio. Por difícil que parezca es mejor decir **no** a continuar alimentando falsas esperanzas de reconciliación. Si tu ex fue el que decidió irse y busca un acerca-miento solo será sexual, te lo aseguro.

Cerebro que no ha superado la ruptura de una relación se condena a vivir con sus prejuicios las que vienen.

Eduardo Calixto

Deja fluir tus emociones

La gente cambia a través del dolor. Sabemos que el sufrimiento te lle-va al cambio, pero no es necesario que pases por él para poder trans-formarte. El cambio también es una elección y puedes vivirlo sin la creencia cultural de que "sin dolor no sabe". Romper los prejuicios también ayuda. No necesariamente tienes que pasar por el bajo fon-do; hay gente a la que le toca sufrir mucho, pero hay quien lo lleva mejor porque está más en contacto con su interior y su conciencia.

Siempre será más fácil quedarte en el drama y compadecerte a darte la oportunidad de trabajar en ti, pero ya dijimos que si te que-das en el drama no vas a superarlo. Verte a ti misma, reforzar tu amor propio y darte cuenta de lo que mereces te ayuda a sentirte mejor al paso de los días después del rompimiento. Insisto, *todo* depende de ti.

Desarrolla tu amor propio y autoestima

✿ No te compares con "la otra" o la nueva pareja de tu ex. Es más: no te compares con nadie.

✿ No te identifiques con tus pensamientos o acciones: tú no eres la tristeza, el coraje o el despecho. Son emociones, no son tus rasgos de carácter.

✿ Enfócate en tu propósito de vida. ¿Cómo planeas hacerlo? Llorando y sufriendo no es el camino. Busca el tuyo.

✿ Date tiempo para cada cosa: crear hábitos nuevos, desechar patrones viejos; renovar tu casa o buscar un nuevo proyecto laboral son tan importantes como dedicarle tiempo al duelo.

✿ Busca quedar bien contigo y solo contigo, no con los demás. Nadie debe tener el poder de tu tiempo, tus decisiones y tu bienestar. Deja de buscar aprobación en el exterior, apruébate tú misma.

Bienvenida al club

Cuando me divorcié, una de las cosas más dolorosas no fue solamente romper la ilusión de la familia y el futuro compartido, sino decirle adiós a la familia política (incluido el suegrito por el que sentía un amor especial) y a los amigos que habían sido de mi ex en el origen; es decir, con la firma le decía adiós al hombre, a la familia y a un grupo de amigos entrañables.

El hueco que eso generó en mí fue devastador; empezar a abrirme paso como "divorciada" o "soltera" no fue fácil. Me di cuenta de que muchos hombres creen que es muy sencillo llevarte a la cama y se asombran cuando les dices "No, gracias", y mucha gente te ve con menos valor porque no tienes "a un hombre al lado". En pleno siglo XXI esto ocurre, aunque sea difícil de creer.

En una cultura que nos obliga a estar en pareja —el cine es 2 x 1, los cuartos en los hoteles tienen mejores tarifas si la ocupación es doble, los restaurantes de sushi te ofrecen menús para dos y hasta en el gimnasio las ofertas son en pareja—, quedarse sin tu par te convierte automáticamente en un ser "extraño". En un mundo en el que los solteros no son tan bien vistos pareciera que estar solo a cierta edad te convierte en alguien que debe estar o tener algo mal.

Por otro lado, cuando no estás "emparejado" es muy fácil que te vuelvas un *objeto de deseo*. Algunos hombres te tratan como si estuvieras dispuesta a todo. De un día para otro, por estar divorciada te ven "guapísima y muy interesante", y hasta los más respetuosos amigos se te insinúan, como si tuvieras un letrero en la frente que dijera: "Me urge tener sexo". Algunas amigas te dejan de invitar a eventos porque te ven como una amenaza; ahora resulta que eres peligrosa, que necesitas cama, que le puedes bajar la pareja a otras... En pocas palabras, que te urge un hombre, cuando lo único que buscas es salir adelante de tu dolor.

La otra parte es cuando sales y te conviertes en la soltera de la cena de matrimonios, o a la que todos le pagan la cena no por lindos sino porque "se acaba de separar, la pobrecita". De pronto te convertiste en una persona a la que le falta algo, que no está completa ante los ojos de los otros. ¿Y sabes qué?, eso no está padre porque eres perfectamente capaz de hacer cualquier cosa que te propongas y no te estás muriendo ni estás enferma. Estás viva, completa y eres fuerte.

Empieza, insisto, por no jugar el papel de víctima y no permitir que los demás te vean y te perciban como un "ser incompleto"; por otro lado, aléjate de quienes son un constante recordatorio de tu divorcio, porque a veces, con tal de sentirte acompañada, te reúnes con otros que están pasando por lo mismo y lejos de ayudar impiden que salgas del hoyo.

"¿Pero por qué terminaron?". "¿Quieres dejarlo en la calle? Conozco a un abogado buenísimo para eso". "Te voy a presentar a un amigo que también se acaba de divorciar para que salgas con alguien". "La verdad, se lo merece, es un hijo de... siempre me cayó mal, y acá entre nos un día le hizo ojitos a Lorena".

Estas frases acompañan las reuniones con otras divorciadas que le echan más sal a la herida. Cual aquelarre, las pócimas de rencores ajenos te hacen más daño en lugar de curarte. No te contamines con historias ajenas; no te dejes llevar por lo externo.

Opta mejor por rodearte de personas positivas que ya hayan vivido el duelo, que quieran darte cariño y acompañarte en el proceso con una intención amorosa, incluso confrontadora, pero que no fomenten el rencor, el odio o el lamento.

Los verdaderos amigos son aquellos que
te levantan cuando los demás ni siquiera
saben que te has caído.
Anónimo

El duelo por la familia que dejas

Elegir con qué amigos quedarse es bastante duro, pero perder a los comunes, más. A veces los mismos matrimonios amigos comienzan a tener problemas entre ellos porque uno está de tu lado y el otro del de tu ex, y la decisión de quién se queda "en la administración anterior" ni siquiera es tuya o del otro, sino de ellos.

Como te contaba, esto incluye también a la familia política si eran muy cercanos a ti, o si su hermana era prácticamente la tuya. Ellos también forman parte del duelo y la pérdida, porque no solo pierdes a tu pareja sino a la gente increíble que venía con ella.

Estas personas importantes que eran parte de tu vida deben ser eliminadas. Sí, es duro pero así tiene que ser, al menos por un tiempo. Lo mejor es hablar con ellos y explicarles que debes tomar distancia, especialmente si en la separación interviene un juicio. También es válido pedirles que no suban a las redes sociales fotos que puedan entorpecer el proceso de ambos; puedes decirles que los sacarás de manera temporal de tus "amigos" por este motivo. Habrá quien no lo entienda y tendrás que lidiar con esa pérdida, pero no puedes sacrificar tu estabilidad emocional por "educación" o "buena imagen".

Jugar el rol del "queda-bien" solo te hace daño a ti. La gente que te quiera te apoyará y esperará a que la vuelvas a "aceptar", tanto en tu vida como en tus redes sociales.

¿Quiénes son las personas que debes alejar en este proceso y a quiénes te dolió perder?

¿Quiénes son ya parte de tu pasado?

¿A quiénes volverías a buscar porque son realmente importantes para ti?

Las redes sociales

La decisión de quién se queda y quién se va de tu Facebook, Twitter, Instagram, Snapchat y todas las nuevas *apps* que existen no es cosa menor. No puedes vivir en paz si al abrir tu *timeline* aparece tu ex con todos tus amigos y posiblemente una amiga o *date* nueva. ¿Y qué tal ese coche nuevo que compró y que viste en una foto que subió un amigo común, cuando hasta hace poco ustedes tuvieron problemas económicos graves? ¿O esas vacaciones llenas de excesos cuando en la relación ni al cine iban? ¿Y ese cuerpo escultural que hoy tiene cuando antes la panza chelera era lo suyo?

Si bien las redes sociales sirven para abrirte al mundo, ampliar tu espectro social y distraerte a ratos, también son un arma que te puede hacer sufrir mucho. Y qué decir del *stalkeo* a tu ex, a su nueva pareja y a quien tenga que ver con él. ¡Es una tortura! Imagínate llegar al grado de pedirle a un amigo que vea el perfil de tu ex porque "necesitas" saber.

No contemples durante horas su *WhatsApp* para ver a qué hora está "en línea" o esperar que aparezca el "escribiendo", porque quizás eso ya no ocurra nunca. Tampoco utilices Twitter para lanzar indirectas o hacer públicos los problemas; eso lo hace todo más grande. ¿Y qué caso tiene subir fotos con cualquiera que pudiera lucir como una *date* o pareja? Créeme que el otro no va a sentir celos porque ya no le importas; por duro que parezca, ya se fue.

Como ves, en un estado de vulnerabilidad como el que vives ahora lo peligroso es ventilar tu vida privada y lo que sientes en cada momento. Las redes sociales son un peligro en este escenario. Haz con tu expareja un pacto de respeto y discreción en las redes, y si él no acepta, entonces cúmplelo tú, no importa lo que él publique. Otra vez: lo que él haga o diga no puede afectar tu mente.

Lo que pasa en Las Vegas se queda en Las Vegas,
lo que pones en Twitter se queda en Google
para siempre.

Jure Klepic

Date un respiro de las redes

Borra los comentarios y conversaciones con tu ex. Si no estás dispuesta a desprenderte todavía de ellos cópialos en un archivo aparte en tu computadora o un disco duro externo. No los leas.

Desactiva temporalmente tu cuenta en Facebook. Es una opción que te permite "retirarte" sin perder tu información y fotos; solo desaparecerá por un tiempo y te sentirás más tranquila. Si no te animas, borra la *app* de tu celular para no tener la tentación de entrar a cada rato.

Desactiva las funciones de WhatsApp que informen de la lectura de mensajes, la última hora en que se conectó y si está en línea.

Lo mismo con las fotos: no las tengas cerca. Borra las fotos compartidas o donde estén juntos. Si no quieres hacerlo sube muchas fotos nuevas para que las fotos juntos queden cada vez más abajo en tu Facebook. No te tortures con su imagen.

No permitas que nadie suba o etiquete fotos tuyas sin tu autorización, y si alguien quiere tomar una foto del grupo con el que sales esta noche pregunta primero si la subirán a alguna red social, de tal forma que te apartes a tiempo.

No des detalles de tu estado de ánimo porque eso da lugar a que los demás opinen, te juzguen y caigas en un ciclo de explicaciones que no tienes que dar. Platica y comparte en privado solo con tu red de apoyo lo que sientes.

No provoques a tu ex. Mandar indirectas a través de las redes sociales genera un círculo de autodestrucción cuyas consecuencias no podrás controlar, pues tu ex puede adoptar una postura agresiva ante eso. Además, ¿para qué remover heridas?

Todo lo que aparezca en tu Facebook puede ser usado en tu contra durante un juicio o proceso de divorcio. Si explotaste, insultaste o revelaste cosas íntimas pueden ser utilizadas para quitarte la custodia o reducirte la pensión, etc. También para probar infidelidades. *Hackear* una cuenta no es difícil (aunque no sea legal).

Manda el celular a otro cuarto. No lo tengas junto a ti todo el tiempo si no es necesario por motivos familiares o de trabajo. En las noches o en tus tiempos de ocio busca otras actividades que no te acerquen a la red, para que dejes la mala costumbre de *stalkear* o *postear* tonterías.

Bloquéalo de Twitter, Instagram, Snapchat, etc. A diferencia de Facebook, que es un diario, las otras redes instantáneas no guardan tanta nostalgia. Es más fácil bloquear y ahorrarás tentaciones tanto para ti como para él.

No le escribas o trates de contactarlo bajo los efectos del alcohol. ¡Nunca! Esto provoca que publiques cosas de las que más tarde te puedes arrepentir.

Cambia tus listas de canciones. No escuches el *soundtrack* de su relación; como él, esas canciones ya quedaron en el pasado; es masoquismo estarlas escuchando.

Memoria selectiva

Cuando alguien muere se tiende a mitificarlo; se olvidan sus defectos y se recuerda solo lo bueno, como una especie de placebo que pudiera aliviar el sufrimiento que causa su ausencia. Cuando se trata de la expareja también sucede esto durante los primeros meses, en los que se tiende a recordar las experiencias divertidas, bonitas y amorosas, y a pensar que el otro "no era tan malo", que la relación "no estaba tan desgastada", y a minimizar los problemas y las diferencias que los llevaron a la separación.

Esto se debe a que estás justo en la grieta que existe entre el proceso de dolor y el difícil paso a la aceptación, por eso quieres aferrarte a los pocos momentos buenos que vivieron en los que todo era miel y rosas.

En esta etapa también se tiende a recordar solo lo bueno de él, y automáticamente recuerdas lo malo de ti y surgen preguntas como si no fuiste demasiado dura, si tus actitudes fueron las correctas. Empiezas a sentirte muy insegura de tus decisiones y a ver solo tus errores.

¡Lo malo de esta etapa es que no ves los defectos de él, solo los tuyos! Para buscar un verdadero equilibrio y no flagelarte con tus posibles errores tienes que recordar por qué lo dejaste y qué hizo que la relación no funcionara, y no culparte solo a ti. Ojo, no dije "culparlo a él, "acusarlo" o "victimizarte", solo te pido que recuerdes por qué no pueden volver. ¡Se trata de ser justos!

Tampoco te vayas al futuro ni te manejes en la fantasía de lo que "hubiera sido", esto es algo que duele y engancha más que la realidad, porque al validar esa fantasía programas tu cerebro a "creer" que es verdad, lo que hace que el nivel de frustración sea más alto. Está comprobado científicamente que imaginar cosas puede estimular al cerebro a creer que esas cosas sí sucedieron; así que no valides el "hubiera". ¡No existe!

Haz una lista de todo lo que te hace extrañarlo.

_____

_____

_____

Haz una lista de los motivos por los que lo dejaste.

_____

_____

_____

¡Oh, memoria, enemiga mortal de mi descanso!
El Quijote de la Mancha

Con toda humildad, ¿qué errores crees que cometiste en la relación?

_____

_____

_____

¿Qué detectas que puedes mejorar en ti a partir de tu relación?

_____

_____

_____

¿En qué aspectos puedes mejorar por ti misma, y en cuáles tienes que pedir ayuda? ¿A quién se la pedirías?

Escribe aquí tus nuevos propósitos.

¿De qué me agarro?

Parte del proceso es recuperar la identidad que perdiste. Si pasaste muchos años a su lado o sus amigos se volvieron tus amigos, sus mundos se fusionaron; es probable que al quedarte sin todo ello sientas que eres "media persona". Aun si estuviste a su lado pocos años, las costumbres que generaste con él también te hacen sentir diferente cuando se va.

Ser tú es algo que nunca debes abandonar en una relación de pareja, pero lo hiciste; si te perdiste en el camino es el momento de volverte a encontrar. Para recuperar tu individualidad puedes empezar por ver quién eres hoy y en dónde estás parada. ¿Qué te gusta, qué te apasiona y qué quisiste hacer en algún momento y no pudiste por falta de tiempo o por satisfacer las necesidades del otro? Ponte el espejo interno y redescubre quién eres en todas las áreas de tu vida.

Consiéntete, atiende los pendientes que dejaste: desde administrarte mejor hasta organizar tu habitación; terminar aquel curso que se quedó pendiente y la reunión que querías hacer con los amigos de la prepa o de tu trabajo anterior; retoma a las amigas que abandonaste porque no eran del agrado de él; visita a tu familia y busca el trabajo que siempre has soñado. Piensa qué quieres. Dicen que cuando se cierra una puerta se abre otra... Bueno, pues luego de un divorcio o separación se abren mil puertas. Hay todo un mundo de opciones frente a ti, solo anímate a explorarlas.

También toma en cuenta que si al separarse el otro se quedó a vivir en la misma zona, o va al mismo *gym* o frecuenta los mismos lugares, debes procurar buscar otros que te resulten igual de cómodos; no se trata de ceder o conservar territorios, sino de crear una nueva identidad para ti donde él no tenga ya cabida; además, ¿para qué quieres seguir encontrándolo?

Por último, recuerda que si tienen hijos ellos seguirán siendo de ambos y no solo tuyos, aunque vivan contigo; entre mejor te vean, entre menos conflicto exista, ellos serán los más beneficiados. ¿Quién no quiere ver en paz y sonrientes a sus hijos?

No afectar a tus hijos

Estás en el momento más difícil: has llorado y te has caído, pero si tienes hijos no hay duda de que son primero y de que harías cualquier cosa por no arrastrarlos en tu proceso. Solo que en ocasiones el peso emocional de tu propio duelo no te deja ver cómo les transmites dolor y angustia aunque no quieras.

Los estás educando y no debes tirarte al alcohol o a la lloradera desquiciada ni descuidar tu trabajo o tu casa, porque el mensaje que les transmitirás es que el drama prevalece ante la adversidad y que no es necesario responsabilizarse de nada y es mejor tirar la toalla. Si lo tienes claro, estás del otro lado.

Hay quien dice que no debes reconocer tu dolor ante tus hijos, pero yo no estoy de acuerdo; si tu hijo te pregunta: "¿Qué tienes?" porque te ve triste y tú contestas: "Nada", lo único que haces es invalidar su percepción y hacer que no confíe en lo que ve y lo que siente. Si así sucede, dile con ternura y sinceridad —y no con dolor o agonía— lo que pasa. Tus hijos tienen derecho a saber que estás triste y que su abrazo te consuela.

Si son adolescentes la situación es más compleja porque el peligro de la desestabilización emocional está latente, no son tan abiertos como un niño y tal vez no te enteres de lo que piensan realmente. Trátalos con el mismo respeto y cuidado con los que los tratarías si fueran niños; no los subestimes y, ante todo, no los trates como si fueran adultos que van a entender tu rabia y tu dolor y todos tus sentimientos de duda, desesperanza y rencor.

Ten presente que no son tus amigos; solo diles las cosas como son, de la forma más objetiva en que puedas hacerlo, basándote en hechos y no en interpretaciones. Tampoco entres en detalles, estos solo le corresponden a la pareja.

En uno de los rompimientos amorosos que viví el dolor era tan fuerte que me sentía sin ánimos para levantarme de la cama; la depresión era severa y necesité algunos días para salir de ella; obviamente, mis hijos estaban preocupados, así que solo les dije con una leve sonrisa: "Me voy a 'morir' un rato, denme *chance* y al rato regreso. ¡Voy a estar bien!".

Así pudieron entender, respetar mis emociones y ser solidarios y muy cariñosos conmigo. Lo mejor fue que "les cumplí" porque regresé, y cuando lo hice fue con otra energía, totalmente abierta al proceso de renovación.

Qué debes o no decirles a tus hijos

- ✿ Trata de no hablar mal de tu ex, así te haya engañado. Es su padre o su madre, no lo olvides.
- ✿ Repíteles que los aman sin condiciones y que su amor no está en peligro con la separación.

- Asegúrales que podrán seguir viendo a su padre o madre (claro, excepto si hay una situación de violencia) y tendrán dos hogares funcionales.
- Diles que pueden estar en desacuerdo y que son libres de pensar y sentir lo que sea.
- También que pueden expresar sus sentimientos y opiniones y que serán tomados en cuenta, mas no serán definitivos porque las decisiones las toman ustedes.
- Explícales que la decisión de una ruptura solo es responsabilidad de los padres, no de ellos. Por lo tanto, hagan lo que hagan no afectará la decisión ni que ustedes vuelvan. Procura no llorar ni exaltarte cuando hables de este tema, especialmente si son pequeños.
- Reconoce tus sentimientos pero no caigas en el drama.
- Si hay un proceso legal de por medio, mira por los intereses de tus hijos y no por los tuyos. No hagas del divorcio una guerra.
- No los culpes a ellos (aun si la dinámica de pareja cambió a raíz de su nacimiento).

*Si fue mal esposo, no significa que
sea un mal padre.*

Anónimo

¿Qué ex quieres ser?

Tener el poder de decidir por ti también es elegir qué tipo de divorcio o separación quieres tener y qué clase de relación deseas construir ahora con tu ex. Si no tuviste un buen matrimonio, intenta tener un buen divorcio.

Si tu expareja siente empatía en lugar de venganza, es muy posible que baje la guardia. Es cierto que hay relaciones con poca tolerancia y personas que no negocian e intentarán lastimarte en el proceso; pero piensa: cada vez que él actúe en tu contra, al no encontrar una acción reactiva de tu parte no habrá logrado su cometido y probablemente dejará de buscar desestabilizarte. Si eres pacífica impactará en el proceso.

Ser pacífica no significa ser tonta, dejada o no exigir lo justo; significa no ser reactiva ni entrar en una guerra y engancharte en las emociones y "tirar a matar"; significa ser proactiva. Para pelear se necesitan dos, y si no eres parte de eso tendrás más cabeza para lograr un mejor acuerdo en el divorcio.

Cuando hay divorcio legal

✿ Sé racional durante el divorcio: llegar a pelear en cada reunión solo alarga el proceso.

✿ Evita sacar a la luz reclamos y acciones pasadas: piensa en el presente, negocia a partir de cómo están las cosas hoy.

✿ No lo veas como al enemigo: más allá de los problemas en algún momento lo elegiste como pareja y hubo amor. A lo mejor, en el fondo siente tanto dolor como tú, aunque no lo demuestre.

✿ Haz una lista clara de los gastos de la casa en común si hay hijos; de lo que le toca a cada quien si son concubinos o si eran socios. Trata de ser justa, no abuses por coraje ni aceptes menos por "acabar ya".

✿ Lleguen a pactos con fechas y lugares a cumplir: así como el matrimonio fue un acuerdo que firmaste, el divorcio también es un acuerdo para vivir separados.

✿ Si es necesario que se reúnan, designen a una persona de confianza común que desempeñe el papel de moderador. En ocasiones, antes de contratar a un abogado puede ser más rápido y barato tener un acuerdo previo "ayudados" por un amigo común.

✿ Hagan un acuerdo para que ambos vean a sus hijos cuando quieran, todo el tiempo que quieran: piensa siempre en lo que es mejor para ellos, y no hagas de tus hijos una moneda de cambio ni un elemento de venganza.

Es al separarse cuando se siente
y se comprende la fuerza con que se ama.
Fiódor Dostoyevski

Rehacer tu círculo

El duelo define en mucho quién vas a ser después de esta relación, pero en general no estamos acostumbrados a analizar lo que sentimos ante una situación de dolor. Así que pregúntate: ¿dónde estoy en la relación y dónde está el otro conmigo? ¿Hay rencor? ¿Hay coraje? ¿Podemos llegar a una mejor negociación? Empieza a responder y ve trabajando en ti poco a poco, y verás que el proceso comienza a mejorar y la actitud del otro también.

Dicen los expertos que a los seis meses de duelo ya hay cambios, que ya no piensas o te concentras en él como lo hacías antes. Yo he podido constatar esto: un día te levantas y la noticia es que el otro ya no te robó tus sueños. Al notar esos pequeños cambios sabrás que vas por el camino correcto.

En este tramo es cuando empiezas a salir a la vida y abrirte a nuevos puntos de encuentro con otros seres humanos, ¡aquí sí pueden funcionar las redes sociales! A lo mejor conoces a alguien nuevo que se dedica a algo totalmente distinto y aprendes a disfrutar experiencias que no conocías, y estoy hablando de amigos, *dates* o parejas. Eso sí: recuerda ser discreta con tu proceso y no despepitar tu vida dedicando horas a hablar de tu ex. A él déjalo atrás. Estás construyendo una nueva identidad.

Los milagros nacen de cambios en tu interior.
Cuando cambias lo que está en tu interior
tu exterior cambia automáticamente.
Karen Berg

Sacar lo mejor de esto

Cuando recuerdo los duelos que he vivido pienso en lo mucho que me dejaron ver de mí misma. Porque yo decidí no abandonarme ni sumergirme en el dolor, sino "ver *"pa'*delante" y enfocarme en mí. Hay gente que prefiere no voltear a verse, pero eso la deja habitando durante mucho tiempo en el cuarto oscuro. A pesar del difícil proceso que hay que pasar con un divorcio o una separación, hoy me siento feliz, valorada, amada y aceptada; me di la oportunidad de reinventarme y eso ha sido una gran aventura.

He tenido duelos tan profundos y tan sanadores que hoy soy amiga de algunos de los hombres que más he amado; hay otros de los que me liberé y no siento por ellos absolutamente nada. Estoy convencida de que podemos enamorarnos en diferentes etapas, con la misma intensidad, y tener muchos "amores de mi vida". No tenemos que dejar al último amor vivido como *el único*. Tendrá su lugar —o no— pero nunca te limites de antemano ni tampoco te apresures.

Sabrás que terminaste tu duelo cuando dejes atrás no solo las lágrimas y la ansiedad, sino el rencor y la esperanza por igual. Si te sientes tranquila y segura de ti misma, lo que sigue es reconstruirte, salir a la vida y sentirte más viva, como yo lo hice. Créeme, estás por vivir tu propia gran aventura.

> *A veces hay que perder el norte*
> *para descubrir que puedes ir en muchas*
> *otras direcciones.*
> Anónimo

6

La reconstrucción

Alicia, después de muchos años de matrimonio supo de la infidelidad de su marido y le pidió que se fuera, cosa que él no hizo argumentando que había comprado esa casa, y que si quería terminar se fuera ella. Después de varios meses ella decidió tomar sus cosas e irse aunque tuviera que pasar incomodidades; todo era mejor que vivir con el hombre que la había engañado. Así tomó otro rumbo, vivió a fondo su duelo, siguió trabajando en ella, se echó un buen clavado interno, se reconstruyó y se reinventó. Hoy está feliz con ella misma y con una nueva relación. Se dio cuenta de que **sí hay vida después del divorcio**.

La muerte interna que vivimos con un divorcio o separación nos lleva a la sombra, a esa parte que no queremos que nadie conozca; pero hacerte amiga de tu sombra es la única manera de lograr domarla. El duelo por el que has pasado te ha permitido conocerte más y te ha hecho bajar a enfrentar al "monstruo que vive en el sótano".

En la vida uno se "muere" muchas veces, pero también renace, y en ocasiones más fortalecido, y del divorcio o la separación ¡también podemos hacerlo!

Después del duelo eres alguien distinta sin dejar de ser tú; en el proceso has aprendido mucho, y si te das cuenta han llegado nuevas bendiciones y has descubierto nuevos mundos internos y externos.

Morimos psicológicamente mil muertes
y renacemos otras tantas.

Ginette Paris

Vete en el espejo

La vida es una enseñanza permanente y nuestra misión al vivir es aprender. Es un viaje largo y valioso en el que las parejas son parte de esa enseñanza; son espejos de ti y de aquellas cosas que no tienes resueltas.

Por eso, cuando termines tu duelo pregúntate desde una perspectiva lejana al dolor por qué elegiste en su momento a esa pareja. ¿Qué te dio que pensabas que no tenías? ¿Qué es lo que querías encontrar en ella? No hagas juicios, solo contesta sinceramente, ve al pasado y hazte consciente de tu actuar.

Una de las formas más poderosas para sanar desde la raíz es la reconfiguración del pasado. Se dice que este no se puede cambiar, y es verdad. Pero hasta cierto punto. Los hechos, en efecto, no son modificables, así se quedarán, mas no el significado que les des de ahora en adelante.

Pudiste vivir una experiencia desgarradora años atrás y quedarte en el lamento cada vez que regresas a ella; pero si modificas la manera de apreciarla, si logras descubrir qué aprendiste, verás que quizá fue el punto de transformación de tu vida, el momento que hizo que hoy estés en un mejor lugar, el instante que le dio un nuevo significado a **tu** pasado.

Identifica en tu pasado cuál es tu huella o tu herida básica. Todos tus duelos están relacionados con ella; conocerla es importantísimo para trabajarla en lo individual. Al reconocer nuestras carencias y darnos cuenta de cómo las proyectamos en el otro, podemos entender que el problema es nuestro y no del otro. Con las emociones a flor de piel era imposible verlo; ahora puedes hacerlo claramente.

Las heridas

En la infancia definimos nuestro carácter y temperamento, y de acuerdo a cómo nos hayamos desarrollado en esta importante etapa establecemos actitudes positivas o negativas que abren heridas. En la adolescencia, cuando estamos en pleno desarrollo fisiológico y emocional, reforzamos muchas de estas heridas y las llevamos a la vida adulta.

La mayoría de nosotros vivimos durante años sin conocer las heridas básicas de nuestra infancia, e incluso si las intuimos y detectamos no nos damos cuenta de que son un factor determinante en la elección de la pareja y que definen en gran medida toda nuestra vida.

"Rascar en las heridas" es una forma de encontrar el origen de nuestras actitudes y pensamientos negativos más profundos. Aunque quedan marcados en la infancia, siempre estás a tiempo de buscar cuáles son y reconfigurar tu pasado. Será doloroso, pero es la base para reconstruirte. En la medida en que te conozcas más y el *clavado interno* sea más profundo, habrá mayores satisfacciones.

Las heridas no hay que cerrarlas,
hay que liberarlas.

Leandro Taub

Las heridas básicas de la infancia

Podemos identificarnos con varias de ellas, pero siempre hay una que domina, y esa es la que tienes que trabajar.

Abandono. Miedo a la soledad. Buscas el apoyo de los otros para tomar decisiones, eres dependiente, no te gusta estar sola y no te comprometes.

Frases recurrentes: "Te dejo antes de que me dejes". "Si te vas, no regreses" (esperando que no se vaya, claro). "No puedo soportar esto".

Rechazo. Miedo a no ser suficiente. Tratas de complacer a todos y de sentirte útil, aun cuando te genera malestar. Te descalificas constantemente, en especial en lo físico, y no te sientes merecedora del placer o la felicidad; no disfrutas. No concretas proyectos.

Frases recurrentes. "No sé hacer nada bien". "Nadie me quiere y a nadie le importo". "Salgo corriendo cuando no me siento suficiente ni capaz".

Humillación. Miedo a la crítica. Eres insegura y le das mucha importancia a lo que dicen los otros de ti; te sientes indigna de cualquier acto de amor o de bondad; te gusta ser rígida e implacable hacia el exterior y culpar a los otros. Sin embargo, eres adicta al sufrimiento porque crees que mereces lo que te pasa.

Frases recurrentes. "Soy una estúpida". "Soy torpe en el amor". "Soy una buena para nada".
Injusticia. Miedo a equivocarse. Eres intolerante a la frustración; cualquier situación que te parezca inequitativa provocará una reacción exagerada y agresiva; eres perfeccionista, controladora y manipuladora. Al mismo tiempo te saboteas y luego te arrepientes con juicios terribles.

Frases recurrentes. "Es que yo necesito...". "Soy una inútil, no sé hacer nada". "No es justo lo que me haces".
Traición. Miedo a perder. Eres celosa, controladora e impulsiva. Buscas situaciones donde confirmes tu desconfianza. No compartes, no te entregas a los sentimientos y emociones de placer y felicidad.

Frases recurrentes. "No confío ni en mi sombra". "Solo yo puedo hacer las cosas bien". "Tienes lo que te mereces".

¿Con qué heridas internas te identificaste más?

¿Puedes detectar estas heridas y descubrir cómo te determinaron al elegir pareja?

¿Elegiste a alguien que te hizo sentirlas más fuerte?

----

*No se puede cambiar el pasado
pero se puede aprender de él.*
Alicia en el País de las Maravillas

El apego

Hay algo que suele acompañar a las heridas de la infancia durante toda nuestra vida, y es el apego; esa palabra que tanto leemos, escuchamos y decimos significa aferrarse, no dejar ir, no querer soltar por temor a sentirnos desprotegidos.

El apego en el duelo es algo común y está directamente vinculado a la "necesidad" de mantenerte cerca de tu figura de "protección", "seguridad" y "apoyo", que la representa tu exesposo por ser el proveedor, o la exesposa por ser la seguridad del hogar. Cuando nos apegamos a alguien sentimos que si el otro se va no podremos sobrevivir.

Romper la foto

Pero el apego no es solo hacia las personas, sino hacia las experiencias, las sensaciones y los objetos que nos las recuerdan. Piensa en cuántas cosas y recuerdos nostálgicos guardas; cada uno significa apego, es tu parte infantil que requiere "cuidado" y "consuelo".

Cuando los budistas hablan de "dejar ir lo material" no solo se refieren al dinero y los bienes, sino a este tipo de "memorias" que no nos dejan avanzar porque nos tienen emocionalmente esclavizados en el pasado; parece que nos da miedo pensar quiénes seremos sin esas cargas. Conservar tu anillo de casada como un tesoro, o no quitártelo, es un ejemplo de ello; para ti es tan fuerte como conservar a tu muñeca de la infancia y llorar porque la tiró tu mamá. **Estás apegada a algo que ya no es.**

Quitarte el anillo es equivalente a romper la foto de casados. No importa si lo empeñas, lo guardas, lo regalas o lo vendes, pero dile adiós. Las fotos de tu boda tampoco son necesarias para acordarte de lo felices que fueron en el pasado. Si las conservas, que no sea para torturarte; el recuerdo va a estar ahí siempre, no necesitas tenerlo colgado en la pared.

Durante el duelo los psicólogos recomiendan deshacerte de los regalos, fotografías, cartas y otros elementos que te recuerdan a esa persona. Si no te atreves a tirarlos, escóndelos durante un tiempo en un rincón o en la casa de una amiga, pero aléjalos de tu vista hasta que ya no tengan para ti ninguna carga emocional.

Lo más importante es llegar al punto de poder soltar al ex y todo su "mundo" y sus "recuerdos". Si logras hacerlo aprenderás a fluir con la vida.

Atrévete a romper la foto… Física y emocionalmente. Libérate del apego. ¡Vive libre!

Sabes que estás en el camino correcto
cuando pierdes el interés por mirar atrás.
Anónimo

¿Qué liga emocional rompiste o necesitas romper?

_____

_____

_____

¿Qué objetos necesitas sacar de tu casa que te recuerden una mala época o una emoción negativa?

_____

_____

_____

¿Qué conservarías que consideras que no es un objeto
de apego?

_____

_____

_____

¿Qué piensas hacer con tu anillo, o con ese objeto que
selló su compromiso?

_____

_____

_____

Divorcio legal *vs.* divorcio emocional

Si ya firmaste el divorcio y estás en una etapa de libertad absoluta
no implica que cuando veas a tu ex te escondas o no lo saludes. Si
hay hijos, como ya hemos dicho, no será posible; pero incluso si no
hay un lazo de por medio, el poder saludarlo sin sentir nada o verlo
con cariño es símbolo de que concluiste tu duelo y esa persona ya es

parte del pasado y de la gran rueda de experiencia y enseñanza que es la vida.

Si, por el contrario, aun cuando ya se rompió el vínculo legal el emocional sigue presente y te sigues sintiendo casada y haces exigencias, puedes provocar que no se respeten los puntos del acuerdo del divorcio legal. La firma para terminar es tan importante como la liberación emocional o "romper la foto".

Si te liberaste en lo emocional pero no has firmado ante el juez, entonces no has cerrado el círculo. Al firmar y recibir tu sentencia de divorcio ejecutada se concluye oficialmente la relación y eso puede ayudarte a llegar a la aceptación. Tu expareja ya no volverá a ser parte de tu vida amorosa. Obviamente, la apuesta es que el divorcio legal vaya acompañado del divorcio emocional, porque ello te llevará a un lugar interno y externo de mayor paz y equilibrio.

> *La verdadera decisión se mide*
> *por el hecho de haber tomado acción;*
> *si no hay acción no has tomado una decisión.*
> Tony Robbins

Otorga el perdón

Otorgar el perdón es un término jurídico y sucede cuando has decidido abandonar un juicio o demanda y liberas a la otra persona de todos los cargos por los que la acusaste. Y esto es perfectamente aplicable a la vida.

Cuando estás en proceso de dolor y te hablan de perdón lo que quieres es mentarle la madre a tu ex, pero cuando has salido del proceso de duelo te encuentras ante la posibilidad real de perdonar. No existe nada más satisfactorio que hacerlo porque significa que ya trascendiste la experiencia, que tus emociones están niveladas y que el otro ya no duele, y por lo tanto ya no tiene poder sobre ti.

Perdonar es sacarte el veneno que llevas dentro, depurar para siempre el coraje, la tristeza y la frustración; perdonar es dejar de cargarlo y cortar cadenas. ¿Y sabes que te acerca al perdón? Aceptar los errores que tú también cometiste y reconocer que en lo que haya pasado con el otro tú también participaste, lo permitiste o lo avalaste.

Cuando asumes que eres corresponsable de la ruptura, que tuviste parte en los errores, en los problemas y en las contradicciones que hubo en tu matrimonio, puedes perdonar al otro desde la conciencia y la paz porque reconoces que el divorcio también es de **dos.**

Llegará un punto en el que podrás honrar la ausencia de tu exapareja con tanta fuerza como alguna vez honraste su presencia, porque habrás aprendido que lo que dejó en ti y lo que aprendiste en el camino fue para hacer de ti una mejor persona, a pesar de todo lo vivido y del proceso de dolor que experimentaste.

¡El perdón siempre juega a tu favor!

Enséñame que perdonar es un signo
de grandeza y que la venganza es
una señal de bajeza.
Mahatma Gandhi

La libertad de perdonar

✿ **El verdadero perdón no es solo decirlo**, ni siquiera sentirlo, es dejar de culpar al otro y ver lo que te dejó sin rencores. Ver quién eres después de él.

✿ **No sirve el "perdono pero no olvido"**. Eso significa que queda algo que se refleja en ti y no quieres ver; escarba en lo que te sigue lastimando para que puedas sacarlo de tu interior y depurarlo.

✿ **Perdona también a todos los ex anteriores**. Termina tus duelos pasados. Quedarte atorada en un duelo no resuelto es parte de lo que te ha hecho tropezar con la misma piedra en las siguientes relaciones. Libéralos uno a uno y te sentirás espiritualmente ligera.

✿ **Perdónate.** Este es el perdón más importante. Decirte "Qué tonta fui" de nada sirve, porque en ese momento no tenías las herramientas que tienes ahora. Date la oportunidad de ser compasiva contigo misma; no seas dura ni te juzgues. Recuerda: cada quien hace lo que puede con las herramientas que tiene en cada instante de su vida.

¿A quiénes no has perdonado?

¿Qué te falta por perdonar y por qué?

¿Qué perdonarías de ti? ¿Ya lo hiciste?

No te detengas

Una vez que has soltado es importante que sigas trabajando en lo que has detectado como limitante. Un gran error que cometen muchas personas es ir a terapia a pedir ayuda solo para salir de la grieta en el momento del caos. La idea no es quedarte con tu psicólogo durante años, pero sí seguir trabajando en lo que descubriste en ti.

Cuando encuentras tus heridas básicas y te echas el *clavado interno* ya no hay forma de hacerte tonta o comportarte como víctima y ese es un paso enorme, porque después de las terapias o ayudas alternativas seguirás tu propio camino en busca de la plenitud. Una vez que despiertas es imposible volverte a "dormir".

Ten en cuenta que no solo existe la psicoterapia; además hay *coaching*, meditaciones y cursos de superación y de sanación. También puedes acudir a tu red de apoyo o a alguna amiga que haya vivido el proceso de separación con éxito; puedes buscar libros o videos que te ayuden. Elige lo que te haga sentir más cómoda, pero ojo, no dije lo más "comodino", porque tendemos a engañarnos y a decir "Ya lo superé" o "Ya todo quedó atrás", cuando no es cierto. No te mientas y no interrumpas el trabajo interno.

Una buena forma de trabajar en esta etapa es lo que los psicólogos llaman "la tercera silla", que es verte y aconsejarte desde fuera. Si fueras tu mejor amiga y ella estuviera sentada frente a ti con la situación que tú vives ahora, ¿qué le dirías? ¿Qué consejo o "regaño" le darías?

A veces es más fácil ver en otra persona los conflictos, por eso podemos ser muy buenos para dar consejos pero no para aplicarlos en nuestra vida. Así que vuélvete tu mejor amiga, mira la situación lejos de ti y a la distancia, eso te permitirá tomar mejores decisiones.

Es momento de sacudirte, de ver realidades, de no apapacharte, sino de continuar en movimiento. ¿Hacia dónde? ¡Hacia la mejor versión de ti misma! ¿Suena bien, verdad? **Asume el reto**. El autoconocimiento siempre te llevará a un mejor lugar de ti misma.

El amor que buscas en los demás
encuéntralo en ti. Suelta la necesidad
de necesitar para así recibir lo que deseas.
Kabbalah

¿Qué mentiras piadosas te has dicho para no enfrentar lo que vives?

¿Qué te dirías a ti misma si fueras tu mejor amiga sobre cómo te sientes en la actualidad? Escúchate con atención.

El aprendizaje

La meta final no es solamente sentirte libre de culpas, rencores y angustias, sino conocerte y tomar conciencia de lo que no *quieres* volver a sentir, hacer ni experimentar en tu vida. Si ya te han golpeado no querrás que nadie te golpee otra vez; si ya triangulaste y eso te hizo pedazos preferirás no volver a triangular; si has sido manipuladora, no volverás a serlo porque te trae problemas y dolor; si fuiste infiel sabes que tomaste la decisión de serlo y lo que eso te trajo. Hoy sabes que puedes **elegir**, que puedes **optar** por el camino que quieres.

Tengo amigas que después de un duelo muy difícil se quejaban de seguir atrayendo al mismo tipo de hombres; esto pasa porque aun cuando su consciente dice que ya sanaron, su inconsciente les informa que no han resuelto su herida básica y que continúen actuando bajo el mismo patrón.

Un principio básico de la energía entre las personas es que "uno atrae lo que trae". No digas "Todos son iguales", porque no es verdad; serán iguales en la medida en la que los busques iguales y no cambies tu frecuencia. Si sigues haciendo lo mismo tus resultados serán iguales, pero si cambias los ingredientes cambia la consecuencia.

Y si tropiezas con la misma piedra, con el mismo tipo de hombre durante tu arduo periodo de trabajo interno (el monstruo del sótano no se domará en quince días), ahora tienes el aprendizaje y las herramientas para detectar esa piedra y **no elegirla**. Ahora si se te vuelve a presentar y te das cuenta, no te quedes estacionada, haz que tu tiempo ahí sea más breve, sigue trabajando en ti y atraerás personas distintas.

Existe un ejercicio muy interesante en el que haces una lista de **todos** los hombres con los que has tenido una relación. Sí, **todos**.

De un lado escribes la razón por la que te sentías bien con él y por lo que te conquistó, y del otro la razón por la que no funcionó y tronaron.

Al final, más allá de con quién tuviste una relación, puedes ver claramente qué es lo que "siempre" buscas, tus expectativas, tus necesidades... y fácilmente te darás cuenta de cuáles son los patrones que repites y en cuáles tienes que trabajar para que no te relaciones desde la **necesidad** sino desde el **deseo** de formar una pareja.

Por otro lado, para poder cambiar es importante estar consciente del poder del pensamiento, así que pon atención a tus palabras para cambiar tus creencias y tu frecuencia baja. No te enganches con pensamientos negativos. La base es observar lo que piensas, y si te cachas en un pensamiento negativo, frénalo y sustitúyelo por uno positivo, como por ejemplo: "Hoy me abro para ser una persona diferente y conocer hombres diferentes". Ten en cuenta que el pensamiento no es mágico sino condicionante.

Solo si rompes patrones, dejas atrás el pasado y sus creencias negativas, podrás volver empezar de cero. No hay vida perfecta ni relación perfecta. ¡Tú tampoco eres perfecta!, pero te aseguro que hoy estás más despierta, eres más consecuente. Recuerda que si te volviste a tropezar es porque ya estabas de pie y tienes la fuerza para seguir preparándote.

Tips para romper patrones mentales

El cerebro tarda 21 días en crear un nuevo hábito. Si es posible disciplinarte para cambiar hábitos como hacer ejercicio o dejar de ver redes sociales diariamente, también es posible cambiar patrones mentales y emocionales.

Identifica el patrón negativo. "Siempre encuentro hombres necesitados e inmaduros". Ya lo sabes, no es nuevo, lo que ahora también sabes es que no los quieres. Hacerte consciente de esto es tener un nuevo propósito.

Responsabilízate del por qué. Estás trabajando en el autoconocimiento para saber qué te lleva a ese patrón. En este momento tienes en tu poder las pistas que encontraste en tus heridas de infancia y en los patrones y expectativas que se repiten en tus relaciones. Utilízalas para encontrar la causa y el por qué actúas como lo haces.

Desacredita el pensamiento negativo. El autosabotaje empieza con la condescendencia cuando te dejas ir sin detenerlo. Si en su lugar neutralizas el pensamiento con preguntas confrontadoras podrás evitarlo: ¿Por qué siento esto? ¿Qué sensación me produce? ¿En qué me beneficia?

Acepta la emoción. Si caes en el enojo, tristeza, culpa, etc., no los reprimas: siéntelos momentáneamente, pero en silencio y soledad, no los verbalices ni les des fuerza y mucho menos hagas partícipe a quien te los provoca.

Fluye. No es tu responsabilidad lo que sucede en el exterior sino lo que sucede en tu interior y lo que haces por ti para sentirte bien. No te quedes habitando esas emociones, opta por dejarlas pasar y soltarlas.

Respira. La respiración es fundamental para encontrar la calma. Inhala contando hasta ocho, sostén el aire por cuatro segundos y exhala en ocho de nuevo. Cada vez que un pensamiento negativo te acelere haz este ejercicio y romperás su fuerza.

Decide. Los patrones como los hábitos se rompen; es cuestión de disciplina y de voluntad. Si estás alerta ante los pensamientos negativos es más difícil que caigas en acciones negativas. Detener el pensamiento es detener la acción.

Pasos para tomar acción

Deseo. ¿Qué quieres? Ten claridad y no seas ambigua. Por ejemplo: "Quiero ser independiente económicamente".

Motivación. ¿Por qué lo deseas? El motivo es el impulso para realizar las cosas y no dejarlas en intenciones o proyectos: "Porque me dará libertad, me permitirá tomar mis propias decisiones y podré elegir el rumbo de mi vida".

Compromiso. ¿Qué estás dispuesta a hacer por ese deseo? El cambio implica decisión: "Voy a terminar la universidad abierta". "Tomaré un curso de idiomas para ser traductora".

Determinación. ¿Estás decidida a seguir? Los cambios de hábitos en pensamientos y acciones no son fáciles; las personas tendemos a "querer tirar la toalla", pero debes pensar que ya hiciste un gran esfuerzo. Sé perseverante: "Me cuesta mucho trabajo, pero ya estoy cerca de conseguir mi certificado y podré buscar trabajo".

Responsabilidad. Sé consciente de que es tu elección. Sabías que tenía riesgos pero has seguido adelante a pesar de las adversidades; no importa lo que otros digan o hagan, la responsabilidad de tus elecciones es tuya. "No estoy haciendo esto por molestar a mi ex, si él lo piensa así, no me afecta. Estoy haciendo esto por mí, por mi futuro, por mi bienestar".

La felicidad en tu vida depende de la calidad de tus pensamientos.

Marco Aurelio

Los pequeños pasos

✿ Ábrete al mundo y vuelve a confiar en la gente.
✿ Enamórate de la vida.
✿ Ponte alerta y no te conformes. El camino se va a revelar día a día.
✿ La vida es muerte y resurrección constantemente: reconoce los ciclos, no les temas.
✿ Recuerda que si tú estás bien los que estén a tu alrededor también lo estarán.

Ya pasó la tormenta

Lo sabes cuando tienes ganas de vivir nuevos sueños, te sobra energía y sonríes otra vez. Esa persona dejó de ser el centro de tu vida; ya no piensas en ella ni lloras o te enojas ante su recuerdo. Ya no habita en tu corazón ni en tu mente. Al quitarle el poder que alguna vez le diste sabes que has llegado a la recuperación de tu propio poder.

Reconstruirse es emocionarse porque estás viva. La separación es muerte, pero la muerte te lleva a la resurrección, y llegar a ella es un gran logro. Es darte cuenta de que el divorcio o la separación es el cierre de un ciclo con una persona, no un fracaso; es un aprendizaje del que salimos fortalecidos, y lo mejor de todo es que hoy nos reconocemos como seres capaces de amar en múltiples ocasiones, por lo que sabemos que después de una separación podemos volver a amar y sentirnos vivos y felices.

El reto de la vida es aprender a vivir
sin historias ni expectativas,
sino vivir solo en el presente.
Arturo Mesquite

Haz una "despedida de casada" o una "bienvenida de soltera"

¿Cómo sería?

¿Qué rituales harías?

¿A quién invitarías?

¿Qué nuevos planes tienes para empezar a vivir tu nueva vida?

7

¿Y ahora qué sigue?

Vaya camino el que has transitado: te casaste, pensaste que todo sería increíble pero empezaron los problemas y las diferencias, entonces tomaron la decisión de separarse; te metiste al cuarto oscuro; transitaste por el dolor; iniciaste el proceso de duelo; saliste de él fortaleciendo tu autoestima y amor propio; soltaste a tu ex; llegaste al perdón o a la indiferencia; comenzaste la reconstrucción y hoy eres una nueva persona: te reinventaste.

Verlo así está cañón, ¿verdad?

Eres una guerrera que decidió apostar por sí misma y eso es una fregonería. Ahora hay dos caminos: la soltería o estar con una nueva pareja, y ambos son increíbles.

El arte de estar solo

Reconstruirse solo es posible si logramos deshacernos de la necesidad de estar con alguien. Cuando nos sentimos bien con nosotros mismos y cómodos en la soledad, llegará la persona correcta; pero no tienes que desearlo ahora.

Concentrarnos en nuestro bienestar, en nuestras pasiones, sueños y fortalezas internas es sostenernos sobre nuestros pies. Esa capacidad de estar solos y amarnos a nosotros mismos es indispensable para poder amar a alguien más, no importa la edad que tengamos o el momento en el que estemos.

Ahora ya sabes que las viejas creencias y prejuicios sobre las mujeres solteras o divorciadas que decían que a los 30 debes estar en pareja y a los 50 ya se te fue la vida no son ciertas, así que ya no debes comprarlas. Puedes estar sola a los 40 y encontrar el amor a los 60.

Piensa en qué quieres hacer ahora. Si tienes 20 o 30 seguramente deseas rehacer tu vida; si eres una mujer entre los 40 y 50 es probable que quieras retomar tu vida de soltera y tener una relación más libre; o quizá tienes 60 o 70 y deseas un compañero solidario. Solo tú sabes lo que necesitas, lo que en verdad deseas.

¿Y si quiero estar soltera?

También hay que considerar que divorciarte no implica que debas o quieras tener pareja de nuevo. Depende de tu contexto único y personal. Nadie da lo que no tiene: si te amas podrás amar, si te tienes a ti podrás entregarte, y si tú te habitas podrás iniciar ese maravilloso viaje de descubrir al otro. La soltería es para conocerte y explorar en tu interior; es decidir a qué te quieres comprometer.

Ser soltera es una gran oportunidad para enamorarse de uno mismo, disfrutarse sin pareja, no extrañar a nadie y no sentirse mal porque no tienes con quien compartir un viaje, una alegría o un reconocimiento… ¡Porque sí hay con quien! Tus amigos, tu familia, tus hijos, si los tienes, y hasta tu mascota son ese "alguien".

Además es muy rico decidir por ti misma qué quieres hacer, elegir a qué lugar viajar, decidir si cambias de trabajo sin consultarle al otro su opinión, o disfrutar de tu economía sin dar parte a nadie. Pero más allá de las decisiones individuales, lo mejor es aprender a comunicarte contigo y con los otros sin expectativas. Aprender a conocerte y a relacionarte con los demás de una forma positiva.

Enfócate en crecer, evolucionar y ser mejor persona para que tu vida comience a cambiar. Recuerda que los demás son un espejo de ti. Cuando estás bien contigo la gente quiere estar cerca de ti. Nadie quiere pasar tiempo junto a una persona quejumbrosa, estresada y caótica. A mí me gusta la gente con sueños; me siento atraída por quienes tienen metas y pasiones, eso me motiva también a ir tras las mías.

Sé una soltera feliz; date cuenta de que no necesitas una pareja para serlo; aprende a gozar la vida siendo una mujer completa; aprende a ocupar un cuarto sencillo en un hotel, a pedir sushi para uno o a ir a eventos sola; aprende a pasártela bien contigo. Eso es tu mejor regalo. Aunque al principio cueste trabajo, resultará increíble.

No solo se trata de encontrar a la persona
correcta sino de ser la persona correcta.
Anónimo

Sola pero acompañada

🌸 Haz amigos para salir a hacer vida social, ir al cine, compartir momentos de diversión. Esto genera dopamina, sustancia del enamoramiento y la felicidad.

🌸 Elige un compañero sexual, si así lo deseas... Esto genera dopamina, endorfinas y testosterona, que activan la felicidad y la libido. Además te hace sentir sexy y activa. Eso sí, vive tu sexualidad con responsabilidad y conciencia eligiendo a alguien que valga la pena porque tú también vales la pena.

❀ Busca amigos del trabajo para ayudarse mutuamente y crear proyectos que generan feniletilamina, sustancia del entusiasmo.

❀ Convive con tu familia solo por el gusto de pasar tiempo con ella sin discutir, sin contarles tus problemas; su presencia y cariño son un gran alimento que puede ayudarte a generar oxitocina y feniletilamina, que alientan la sensación de pertenencia.

❀ Acude a tus círculos de amor para contarles tus cosas más íntimas a tus amigos especiales. Platicar con alguien que te quiere y que quieres te da placer, y puede promover la secreción de oxitocina y serotonina, sustancias que contribuyen a mejorar el estado de ánimo.

❀ Piensa en tener una mascota. Si te gustan los animales, tienes el tiempo y estás dispuesta al compromiso para atenderla, su relación será muy benéfica para tu salud.

Como ves, puedes sentirte feliz y realizada creando el mundo que quieres vivir más allá de la pareja. ¡Ser soltera también es de poca madre!

Solo hay un amor para siempre,
el amor a ti mismo.

Anónimo

Sexo e intimidad... con otro

Cuando Frank Sinatra se divorció de su novia de la adolescencia y madre de sus únicos hijos, Nancy Barbato, él siguió con su vida al lado de la estrella Ava Gardner, de la que también se separó para casarse con la actriz Mia Farrow, de quien también se separó para casarse con Barbra Marx, con quien estuvo cerca de 20 años, hasta que el cantante murió. Pero Nancy, su primera mujer, nunca volvió a casarse o a tener una pareja conocida. "Después de Sinatra no hay nada".

Dirás que es un amor de película, pero visto desde la perspectiva de la reconstrucción te diría que quizá no pudo quitar la mirada de su ex para comenzar a verse ella misma; que el apego hacia él le impidió fluir y encontrar la plenitud, como afirmaban algunos de sus amigos.

Hay quien dirá que no todos los ex son galanes de cine, millonarios y poderosos, pero el efecto es el mismo; tengo un amigo que después de cinco años de divorciado seguía usando su anillo. Tenía pánico de volver a salir con una mujer, ya no hablemos de enamorarse, comprometerse o intentar una nueva vida en pareja.

Escondernos tras la imagen del otro, quedarnos enganchados en la relación anterior o mostrarnos no disponibles a pesar de ser libres, sucede porque tenemos miedo a empezar de nuevo y nos sentimos inseguros hasta de ligar, algo que quizá ya olvidaste cómo se hace si estuviste casada mucho tiempo. Tal vez te da inseguridad ya no ser tan joven o no tener un cuerpo para presumir. Sí, salir a la vida te puede costar mucho, pero tienes que hacerlo, tienes que liberarte.

*La vida no vivida es una enfermedad
de la que se puede morir.*
Carl Gustav Jung

Salir de nuevo

Claro que no es lo mismo divorciarse a los 30 que a los 60. La idea de la intimidad con otra persona puede causar ansiedad si estuviste muchos años con alguien o no te sientes segura de tu físico. Pero no te predispongas; ya que te divorcias puedes atreverte a muchas cosas, que pueden empezar por ir al cine sola por primera vez, hacer el viaje que siempre deseaste, meterte a una clase nueva o simplemente ir a tomar un café; es darte cuenta de que ahora estás en la antesala de muchas primeras veces, y salir de nuevo "al mercado" es una de ellas.

Crea un club de solteros

- ❁ ¡Es muy divertido! Te llenará de entusiasmo y te activará.
- ❁ El plan es conocer gente nueva, no necesariamente que busca pareja sino un nuevo círculo de amistades.
- ❁ Ábrete a conocer a nuevas personas. Quítate los prejuicios de la edad, las diferencias culturales y tendencias. El propósito es crear un nuevo círculo y un nuevo universo.
- ❁ Inicia clubes temáticos, como talleres de idiomas, un club de cine o literatura, clases de yoga entre amigas o clases de baile.

En mi caso, se llama "La Regla" porque nos juntamos una vez al mes (lo siento, así se llama). Yo pongo mi casa y la botana; los demás llegan con bebida. Hay hombres y mujeres divorciados, solteros, casados, homosexuales, heterosexuales y personas de distintas profesiones y aficiones, siempre abiertas a conocer gente nueva, porque la única intención que tenemos es pasarla bien y divertirnos. ¡No sabes lo increíble que es!

Busco novio

Esto es como el primer día de escuela en el que no conoces a nadie, pero poco a poco te empiezas a relacionar y a hacer amigos, y eventualmente una posible pareja. No te cierres. La vida está para vivirse porque se agota y se acaba, y qué mejor que cuando eso ocurra te agarre disfrutándola.

Quítate el estigma de "la divorciada" y de la fracasada; la vida empieza cada día, y hoy es una nueva oportunidad para gozar y compartir, salir adelante y ser feliz. Tú quieres serlo, **todo** depende de ti.

Sé lo difícil que es esto. A mí me costó mucho trabajo pero vale la pena hacerlo, es muy enriquecedor y facilita la reconstrucción y el proceso hacia la "nueva virginidad".

Si deseas una pareja debes tener claro que el amor no llega como un premio después del dolor; encontrarlo es coincidir con una persona, es volver a sentir mariposas en el estómago, solo que esas coincidencias no se dan si te enclaustras en tu casa y no te abres internamente. Tienes que volver a verte, analizar "en qué circunstancias" te encuentras, volver a cuidarte, ponerte sexy, gustarte y sentirte atractiva…

No es cuestión de kilos, de canas y celulitis, es cuestión de amar y aceptar tu cuerpo, pero también de ser objetiva y ver si es el mejor físico que puedes tener, si no te hace falta un tinte, una buena depilación o un corte de pelo nuevo; si te caería bien aumentar o bajar unos kilos; si te reactivaría ir al *gym* y así acelerar las endorfinas que te ayudan a darte ánimo y sonreír más.

Lo primordial tal vez sea quitarte las "ojeras de caballo" —y no me refiero a las que puedes tener debajo de los ojos sino a las que les ponen a los caballos en las carreras para que no se distraigan tratando de ver a los lados y solamente vean al frente—, porque a lo mejor un compañero de trabajo o el papá de un amigo de tu hijo estaba esperando la oportunidad de hablarte, o el vecino o el que siempre ves en el *gym*. Te sorprendería saber que las posibilidades están donde menos lo esperas.

Si te interesa tener una pareja también se vale pedirles a tus amigos cercanos que te presenten a sus amigos solteros. Mi amiga Esther les decía a todas sus amistades: "Busco novio", y le presentaron a mucha gente; ella prefirió hacerlo así a recurrir a redes sociales, y finalmente conoció a alguien que hoy es parte de su vida amorosa.

Otra opción para conocer gente es acceder a una red social específica para esto, pero de ello hablaré más adelante.

La divorciada sí quiere sexo

Por otro lado, te aseguro que surgirá el deseo natural de integrarte de nuevo a la vida sexual. Una amiga mía dice: "¿Ves a ese tipo guapo o son mis ganas de amar?". Es una frase muy cierta a la que debes poner atención cada vez que conozcas a alguien. No se trata de ligar por ligar ni de relacionarte desde la necesidad, sino después de toda tu "reconstrucción" conocer a otras personas con las que valga la pena compartir tu cuerpo e intimidad, así que date tu tiempo.

A estas alturas ya sabes que no es sano arrojarte a los brazos del primero que te hable bonito. Tu nueva liberación sexual incluye cuidarte, no solo con preservativos, sino con valoración; no cualquiera merece estar en tu cama. No te involucres con un patán, por muy guapo que esté o por muchas ganas que tengas de volver a coger.

Si tu cita con alguien termina en la cama, no te enganches con la idea de que te llame y te siga buscando; nuestro ego suele esperar la confirmación de que "dejaste huella", y personalmente lo veo como una forma de inseguridad. Si lo disfrutaste, quédate con eso; si te llama y siguen saliendo, mejor aún; si un día deja de buscarte, suelta. Fue lo que fue y qué padre que lo pudiste vivir; si elegiste bien no te sentirás mal al otro día ni habrá culpa; al contrario, estarás enriquecida por la experiencia.

Si sales con tu amigo "sexual" durante un tiempo, no le pongas la etiqueta del "nuevo amor de tu vida"; estás reconociéndote de nuevo, no te enganches con el éxtasis. Si lo que quieres es amor y compromiso quizá no lo encuentres con él.

Lo que es un hecho es que la forma como te relaciones con un hombre en un principio definirá lo que pueda darse y la relación que nazca. De ahí la pregunta: ¿cuándo te acuestas con alguien con quien deseas una relación? No hay recetas, puede ser la primera cita, la tercera o la décima; tú sabrás cuándo hacerlo, te lo aseguro.

Ligar por internet

Actualmente existen varias aplicaciones para ligar que son muy directas y de rápida decisión, y también hay páginas que de acuerdo con tu edad e intereses proponen personas para ti.

También hay servicios que organizan *blind dates* que inician con una entrevista con un consultor, quien se encarga de buscar a un candidato ideal para ti; de esa forma podrás tener una cita arreglada y seria sin tener que pasar por las dudas y la desconfianza que pueden presentarse en las dos opciones previas.

Ventajas y desventajas del internet

Lo bueno

✿ Facilita la posibilidad de conocer a otras personas sin salir o depender de un tercero.

✿ La gente es menos tímida y más arriesgada a ligar en redes sociales que en persona.

✿ La compatibilidad es más fácil al conocer los perfiles de los usuarios.

✿ Después de mucho tiempo de intercambio pueden comenzar una relación en persona con más confianza y pasar de lo virtual a lo real.

✿ Con un simple *like* de ida y vuelta puedes tener una cita.

✿ Según la aplicación hasta puedes descubrir si tienen amigos en común.

Lo malo

✿ No hay intimidad real. En un principio es ilusoria.

✿ Comienza la esclavitud hacia el teléfono y la computadora.

✿ Es de fácil acceso.

✿ Muchas personas mienten en sus perfiles o incluso ponen fotos que no son suyas.

✿ Puedes ponerte en riesgo si envías demasiada información o fotografías íntimas.

✿ La relación puede cambiar al conocerse en persona, empezando por el físico, porque hay quienes *photoshopean* demasiado su imagen de perfil o avatar.

✿ Mucha gente la usa para establecer puramente una relación sexual, sobre todo los hombres, mientras algunas mujeres tienen la fantasía de encontrar un verdadero compromiso de esta manera.

Consejos para las nuevas citas

✿ Si lo conociste a través de una *app,* checa que su perfil encaje con el tuyo, no solo te guíes por el físico.

✿ Se vale *googlearlo.*

✿ Que sea siempre en un lugar público, no en casas, departamentos u oficinas.

✿ Llega por tu propio pie y no le pidas que te lleve a tu casa. Aún es pronto para que sepa dónde vives.

✿ Avísale a alguien de confianza dónde y a qué hora estarás con tu *date* y pídele que te llame al cabo de dos horas para saber que estás bien.

✿ Establece la intención de la cita: amistad, sexo o relación.

✿ No cuentes tu vida ni tus intimidades; vete despacio y cerciórate de a quién le quieres abrir tu mundo.

✿ Trata de confirmar que lo que te cuente en la cita sobre su vida sea verdad.

✿ Cuando se trate de mensajes, no compartas datos importantes (bancarios, contraseñas, etc.).

✿ Desde luego, no envíes fotos o videos comprometedores.

✿ Si después de la cita decides tener intimidad con él, que sea en un hotel y avísale a una amiga; posteriormente llámala para que sepa que estás bien.

Lo positivo de reactivarte en "el mercado" es que vuelves a creer en ti, te das cuenta de que todavía eres atractiva, interesante y tienes energía para explorar un nuevo escenario en tu vida, y esta sensación es "fascinante", te hace sentir llena de energía y emoción.

Las mujeres somos seres sensibles en busca de intimidad, y la sexualidad es parte de nuestra naturaleza, y como tal debemos vivirla o disfrutarla; así que dile adiós a la culpa, al prejuicio y borra de tu mente la palabra "pecado". Vive tu sexualidad con responsabilidad pero con la libertad que deseas.

Todo lo que deseas está al otro lado del miedo.
Jack Canfield

¿Qué implica para ti tener sexo con alguien más?

_____

_____

_____

¿Qué te preocupa?

_____

_____

_____

¿Qué te da placer?

_____

_____

_____

Enamorarte otra vez

Con la claridad que tienes ahora puedes construir algo totalmente nuevo; esto incluye no juzgar a una persona nueva desde tu vieja historia: si el anterior fue tacaño o mentiroso, los demás no tienen que ser así; si tu nuevo novio es del mismo signo zodiacal, le va al mismo equipo de futbol y le gusta la misma cerveza, no significa que sea su clon. No se trata de cobrarle a la nueva pareja lo que te hizo la anterior.

Espera a conocer a la nueva persona con la que sales, y si queda evidenciado que tiene conductas que no van contigo entonces puedes irte; pero no te entregues al prejuicio inmediato, no lo juzgues y elimines antes de darte la oportunidad de conocerlo.

Si entras sin equipaje, sin cargar piedras de apegos y rencores, puedes tener la fortuna de volver a enamorarte y sentir la *infatuation*, como le llaman en inglés a esas nubes y mariposas en el estómago que provocan el proceso químico del enamoramiento. Ya lo has vivido y sabes que los primeros meses todo será romántico, y por eso también sabes que esto va a cambiar: el desprendimiento del otro es inminente, así como dejar de idealizarse. Saberlo te ayuda a aceptarlo y a transitar al amor maduro con una sonrisa en los labios.

Como parte de este nuevo proceso de aceptación debes considerar condiciones que tal vez no habías vivido; es decir, si esa nueva persona especial viene con hijos, tal vez con una mascota "heredada", o con un ex que sigue rondando.

Si tu energía ha estado enfocada en ti no "necesitarás" tener "control sobre tu pareja" ni reclamarás que pase "más" tiempo contigo, sino que vas a disfrutar cuando estén juntos y te dé toda su atención, pero también requerirás de tu propio espacio. Si, por el contrario, tú eres mamá, él tendrá que aceptarte como eres y con el "paquete" que traes, solo que ahora también ya sabes que no debes dejar de lado tu faceta como mujer por los hijos.

La aceptación en su totalidad es uno de los mejores regalos que existen, tanto para ti como para tu nueva pareja.

Cuando trabajas en ti y te adentras en tu crecimiento individual alimentas tus necesidades, así que al momento de encontrar una pareja lo harás solo desde el deseo de compartir y no de pedir; lo harás desde la complicidad y la creación de un mundo en conjunto, no desde la demanda y las necesidades.

Al llegar a la etapa de "desprendimiento" sabrás si es una relación que puede prosperar o mejor te retiras. Ahora ya tienes el conocimiento para verlo; ya lo viviste antes y sabes que el amor no dura si no lo trabajas y lo nutres. Podrás empezar a querer a esa persona "a conciencia", a amarla con los ojos abiertos.

Tus nuevas metas

Recuerda que también hay diferentes tipos de amor: pasionales y destructivos; transitorios y románticos; comprometidos y profundos, pero el amor de verdad es el que tu corazón reconoce en el alma del otro; siempre es identificable, como el oro puro; te sacude el alma y abre la oportunidad de construir algo nuevo con esa persona con quien puedes formar una pareja

El reconocimiento de las almas no es algo muy común y hay que valorarlo cuando lo encuentres, cuidarlo y trabajar en él y por él. Si identificas que en el pasado ya encontraste un alma similar y no tuviste toda la capacidad para valorarla, ahora podrás hacerlo gracias a la experiencia y el aprendizaje que has adquirido. Entonces no te tocaba, pero ahora sí. Así que ¡arriésgate a vivir!

Existe un tema que preocupa a muchas mujeres que se divorcian jóvenes: su reloj biológico. Si es tu caso, encuentra una pareja que desee lo mismo que tú.

No te cases con el primero que te diga que quiere ser papá; conócelo y continúa si estás convencida, pero no tomes decisiones a la ligera o basadas en la prisa. Hoy en día hay muchas alternativas para ser mamá, como congelar tus óvulos, por ejemplo, para ser fecundados más tarde.

También hay relaciones que se dan entre dos divorciados con familia: "los míos, los tuyos y los nuestros". Estas familias requieren de un mayor reto y compromiso, pero pueden llegar a tener un buen desempeño.

Lo principal es que no te conformes con cualquiera, que no tengas pareja "por tener" o por buscar simple "compañía". Elige a alguien que te apasione, y cuando hablo de pasión no me refiero solo al deseo sexual sino a la pasión por compartir y buscar la plenitud juntos.

¿Qué quieres tener? ¿Qué te gustaría dar? Es importante tener claro esto al elegir una pareja. Tú tienes todo para encontrar a la pareja para ti, porque hoy sabes lo que quieres y lo que vales, y eso es lo que te llevará a tomar la decisión correcta.

Quédate con un amor que te dé respuestas
y no problemas.
Paulo Coelho

La lista al universo

- ✿ Ten claro lo que deseas en una relación. Esto te llevará a elegir una mejor pareja para ti, y aunque no hay certezas en la vida tendrás más posibilidades de éxito.
- ✿ Decretar solo te lleva a la intención, pero eso es apenas el primer paso; imaginar ayuda a crear. La

mente y el cuerpo necesitan saber adónde ir para después manifestarse a través de la acción.

✿ Haz una lista de lo que quieres ahora, tal como eres hoy. Ten muy claro qué aceptarías y qué no para saber si una persona nueva cabe en tu mundo.

✿ Incluye en tu lista quién quieres ser en esa nueva relación y qué esperas de ti. Sé la mejor versión de ti. Trabaja en tu crecimiento tanto que te conviertas en la mejor pareja de tu pareja.

✿ No debes aceptar menos de lo que deseas y mereces con tal de no estar sola. No escatimes ni utilices las palabras "aunque sea" o "por lo menos".

Negociar es el arte de convencer a otro de lo que uno quiere. Pero la negociación más difícil es convencernos a nosotros mismos de lo que es realmente mejor.

César Lozano

Enlista lo que buscas en una pareja.

¿Qué aceptarías y qué no en una relación?

¿En qué cederías y qué no es negociable para ti?

Tu nueva sociedad

Si ya estás decidida a apostarle a un nuevo amor, sabes que transitarás por un nuevo camino que lleva el propósito de no repetir los errores del pasado, sino de aplicar todo lo bueno que ya aprendiste y dar lo mejor de ti.

Amar es mirar al otro y aceptarlo. Habrá muchas cosas en las que no estarán de acuerdo fácilmente, pero siempre existe la negociación. Ser impositivos es uno de los grandes errores que cometemos en el matrimonio, igual que hacer dramas y manipular cayendo en las interminables luchas de poder. Ahora ya sabes que se pueden establecer nuevos acuerdos, pensar distinto y que puedes ceder, pero no cederte o perderte de nuevo en el camino

> *Cuando cambias la forma de mirar las cosas,*
> *las cosas que tú ves cambian.*
>
> Wayne Dyer

El contrato anual

Cuando nos casamos casi nunca hablamos de los verdaderos acuerdos que hacen que una pareja tenga estabilidad, pero es fundamental hablar de todo lo que creemos, queremos y esperamos para formar acuerdos.

¿Cuántas veces tocaste los temas domésticos, los detalles íntimos y las formas de llevar la cotidianidad antes de casarte? Tal vez solo hablaron de religiones o de división de propiedades, o le dijiste que ves la tele hasta tarde, o que no comes nueces, ¿pero hablaron de la importancia de los roles de cada uno y sus acciones concretas? Por ejemplo, ¿qué pasaría si se rompía el acuerdo de fidelidad, si el otro no cumplía con el rol de proveedor o si este rol iba a ser de ambos?

Yo creo que los contratos matrimoniales deberían ser anuales, porque cuando creemos que tenemos "la eternidad" a nuestro favor dejamos de luchar. Haz un "contrato de renovación" con tu pareja y revísalo cada aniversario. No serás la misma en diez años como ya no lo eres ahora, ni piensas igual que cuando tenías 23. Él tampoco.

Todos cambiamos, maduramos, dejamos creencias y adquirimos otras; quizás hasta cambiemos de inclinaciones políticas y de profesiones, sueños, pasiones y aficiones. Cambiamos todos los días, y si no estamos pendientes de nuestro cambio, un día voltearemos y descubriremos que el otro es un desconocido, y te aseguro que no quieres volver a pasar por ello.

También es muy importante revisar los acuerdos contigo misma y tus verdaderos sentimientos: ¿Aún lo amo? ¿Estoy convencida de que estoy contenta y quiero seguir en esta relación? La respuesta debe ser contundente: sí o no; sin "peros" ni "tal vez". Si estás segura, continúa trabajando en tu relación; si no es así, detecta el conflicto, y si estás a tiempo puedes resolverlo y no esperar, como en la relación anterior, a que esté cargada de rencor, odio y momentos lastimosos.

La idea es no volver a pasar por un divorcio, pero si ese es el caso ya sabes muchas cosas que antes no conocías de ti, por lo que en un momento dado puedes tener una separación mucho menos dolorosa que la anterior.

No hay medias naranjas

Para que tu nueva relación funcione el primer paso es no meterla en el "paquete" de la creencia: "Tú y yo somos uno mismo". "Mi complemento". "Mi media naranja". "Mi alma gemela", porque eso no existe. Existimos las personas con diferencias que nos aceptamos y decidimos llegar a acuerdos porque nos amamos.

Aunque hagan un gran equipo, no lo idealices. Ya no... Es una persona llena de defectos y virtudes, al igual que tú; son dos seres humanos que decidieron convivir juntos y amarse en una nueva etapa de sus vidas.

Crear una nueva conciencia y haber salido de las noches oscuras del alma para ver un nuevo amanecer ha sido la auténtica transformación. La separación abrió todo un nuevo mundo de opciones que te llevaron a decidir cuál es tu nuevo camino en la vida. Hoy ya sabes que no hay prisa, que no hace falta tomar decisiones intempestivas, que es importante escucharte siempre y actuar en consecuencia.

Recuerda que no tienes que quedar bien con nadie ni satisfacer expectativas ajenas. Se trata de ser tú con todo el poder y la fortaleza que has adquirido a través de tu trabajo personal, con tus defectos y limitaciones, pero abierta al universo y a la vida, queriéndote y aceptándote, lista para aceptar al otro como te gustaría que te aceptaran a ti. En resumen: la posibilidad de un amor fresco es real, no importa cuánto tiempo tengas de divorciada.

Hayas tomado el camino de la soltería o el de la relación de pareja, es vital darte cuenta de que tomaste el camino del amor más importante: el amor a ti misma. Aun cuando hayas decidido estar en pareja, esta también estará basada en el amor que sientes hacia ti.

*Ámate a ti mismo primero, y todo lo demás
vendrá a continuación.*

Lucille Ball

Haz una lista de lo que has logrado desde que la palabra divorcio llegó a tu vida: tus logros internos, los miedos que dejaste y tus nuevas pasiones.

También incluye los logros físicos y el nuevo círculo de amistades o tu nuevo amor, si es que ya lo tienes, y a qué acuerdos te gustaría llegar con él.

Encontrando la virginidad

De acuerdo con la Real Academia de la Lengua Española:

Virgen

1. m. y f. Persona que no ha tenido relaciones sexuales.
2. m. y f. Persona que, conservando su castidad, la ha consagrado a una divinidad.
3. adj. Dicho de la tierra: Que no ha sido arada o cultivada.
4. Dicho de una cosa: Que está en su primera entereza, y no ha servido aún para aquello a que se destina.

Este significado es literal, pero pensemos en lo que metafóricamente dice la palabra "virgen": es alguien puro. Dirás que "divorciada" y "virgen" no tienen que ver una con la otra porque generalmente pensamos en la virginidad física; pero yo me refiero a la virginidad del alma, a esa que te permite hacer las cosas por primera vez.

Si ya decidiste echarte el *clavado interno* después del divorcio, sanar tus heridas, liberar los miedos, aceptarte en cuerpo y alma; si pudiste eliminar el apego al ex y a todas las emociones y sentimientos tóxicos que flotaban alrededor de ti; si te diste la oportunidad de reinventarte en todos sentidos y no seguir cargando la idea de que el divorcio es un fracaso; si aceptaste que se trata de un ciclo compartido con alguien más, que ya terminó y que te llenó de aprendizaje, no solo te convertiste en una mejor persona… Te tengo una noticia: ¡eres virgen de nuevo!

Sí, virgen para poder entregarte a otra persona como la primera vez, porque ya no hay cargas ni ex; lo que hay es un nuevo despertar y una mejor persona capaz de amar, porque *hoy* eres dueña de ti misma, porque *hoy* te tienes, porque *hoy* te habitas, porque *hoy* te amas.

8

Divorciada pero virgen

Nadie se casa para divorciarse, nadie empieza una relación amorosa para tronar, nadie busca por voluntad visitar el desamor y pasar por la dolorosa etapa del duelo… Pero si ya estás ahí, es tu decisión quedarte con el látigo de la victimización y compadeciéndote, o pasar por el cuarto oscuro, por esas noches sombrías del alma hasta encontrar el camino de la reinvención.

Sé por experiencia propia que transitar este camino puede ser muy doloroso, que puede haber muchas lágrimas y momentos en los que falta la fuerza. Cuando me divorcie toqué profundos momentos de duelo, en los que lloré todos los mares, el alma se me rompió y el corazón sintió que no volvería a amar.

Peroooo… en la vida existe algo maravilloso: la no permanencia, como afirman los budistas. Esto significa que por dura que sea la experiencia, por profundos que sean los estados de tristeza, enojo o dolor estos van a pasar, porque ¡¡¡**todo!!!** pasa.

El tiempo en el que estas emociones pasen sí depende de ti, del trabajo que tú decidas hacer día a día, de los "cuentos" que te dices y que hay que detectar, de las creencias limitantes que tienes que romper, del manejo del pensamiento negativo y del deseo que tengas de sentirte bien.

El camino que recorrimos en este libro fue en gran medida mi propio proceso, y aunque quizá te sea difícil de creer, el desamor y la ruptura amorosa han dejado en mí cosas maravillosas, como ya te compartí.

Al vivir mi proceso me entregué en un principio a la emoción, soy intensa y pasional por naturaleza, así que me "eche el látigo", caí en la salida fácil de hacerme la víctima, me deprimí, o como yo digo, "me morí un rato" y me metí en el cuarto oscuro.

Como el Ave Fénix me hice cenizas para a partir de ellas renacer, y poco a poco fui encontrando la luz. He tomado todas las terapias que existen, desde la psicológica hasta las alternativa y holísticas; he transitado por muchos cursos y diplomados —porque soy una fanática de encontrar respuestas—; me devoré muchos libros sobre el tema; tuve mi maravillosa red de apoyo con amigos entrañables, pero, sobre todo, y a pesar del dolor, enojo y tristeza que me habitaban, tuve el **deseo** de salir adelante.

Me conecté con la fuerza del amor propio que te saca adelante, con esa que te hace romper la dependencia, la que te confronta y no te deja seguir contándote mentiras ni agarrarte de tus propios lamentos, sino que te sacude y te da la oportunidad de salir y tomar rutas, como la del autoconocimiento.

Tendemos a dedicar mucho tiempo a conocer a los demás, a tratar de entenderlos o criticarlos, pero le otorgamos poco tiempo a autodescubrirnos, a desarrollar el amor propio y a elevar nuestra autoestima. Yo decidí aventurarme en ello y los frutos que eso me ha traído han sido muy enriquecedores.

Cuando inicias esta tarea y tomas un camino espiritual basado en el desarrollo de la conciencia y del aquí y del ahora, tu vida empieza a cambiar, y en lugar de endosarle a los demás tus traumas, lágrimas y desventuras, comienzas a hacerte responsable de tu vida y de cada paso que das.

Debo confesar que a veces me gustaría volver al papel de víctima, porque era delicioso pensar que los demás te hacen todo, que son los responsables de lo que te ocurre, pero ya no puedo hacerlo; una vocecita dentro de mi despertó y me dijo: "Ay, ajá Martha, ¿y tú dónde estás? ¿Qué fue lo que permitiste? ¿Hasta dónde contribuiste a que eso sucediera?". Desde entonces, mi nueva Martha pelea su espacio y se impone ante la victimización.

¿Y saben qué? ¡Amo a esta nueva Martha! A esta que se da la oportunidad de aventurarse a vivir. Claro, no es que me las sepa de "todas todas", obviamente no; pero lo increíble de vivir es que siempre vamos evolucionando, que siempre nos vamos descubriendo y que vamos encontrando nuevos caminos y facetas en nosotros mismos.

Lo que sí te puedo decir es que hoy soy mil veces más feliz que cuando estuve aferrada a una relación que ya no daba más, aferrada a la idea de "se casaron y fueron felices para siempre".

La eternidad en el amor solo se da si hay dos que deciden trabajar en el amor, dos que se aceptan y crecen juntos. Pero el amor no viene con garantías, hay que hacer la "chamba" y no darlo por hecho jamás.

Así que después de mucho trabajo interno, de caerme varias veces y de volver a levantarme, de aprender a amarme, aceptarme y sentirme merecedora de la felicidad y de todo lo bueno que me pasa en la vida, **me declaro ¡divorciada pero virgen!**

Hoy entiendo que el divorcio no es un fracaso sino que los errores sirven para aprender; el divorcio, para mí, es una relación con una persona que terminó porque se cerró un ciclo, porque ya no dio para más, porque aferrarte a la relación puede provocar la muerte emocional.

No hay errores en la vida, solo lecciones.
Robin S. Sharma

Mis padres se mantuvieron casados toda la vida y asumieron el "hasta que la muerte los separe", solo que esa "muerte" no fue solo física, antes fue emocional. Raquel y José tuvieron un matrimonio de amor-odio desde que yo recuerdo, y como niña quería que se mantuvieran juntos sin importar nada; como mujer me hubiera gustado que fueran felices juntos o separados porque fui testigo de cómo perdieron la sonrisa muchos años de su vida.

Y yo, en mi matrimonio, me di cuenta a tiempo de que me estaba pasando lo mismo. En mis últimos años de relación dejé de sonreír, me estaba muriendo como mujer y dejé de quererme, de verme, de amarme. Enganchada a la idea de darle a mis hijos una familia, no me di cuenta de que podíamos seguir siéndolo aunque fuéramos tres y no cuatro.

Tomar la decisión ha sido uno de los momentos más duros y dolorosos de mi vida, pero también me permitió transitar un camino, hasta ese momento desconocido, en el que me encontré conmigo misma. Me falta aún mucho por descubrir en mi interior, por superar, por evolucionar, pero estoy en esa ruta. Hoy busco mi felicidad porque sé que es contagiosa y repercutirá en los demás, como cuando echas una piedrita en un lago y se expanden los círculos gracias a su impacto en el agua.

¡Se vale pensar en ti, se vale buscar la paz, se vale volver a vivir el amor, se vale ser tú!

¡Se vale vencer tu miedo y abrir el corazón!

Es momento de **vivir** sin seguir arrastrando el pasado, sino abierta a las experiencias que la vida te ofrece en este presente maravilloso.

Y así vivo yo y te juro que es liberador, pero ante todo, ¡¡te llena de paz y felicidad!!

Así que a vivir "la virginidad" del corazón.

Y siéntete orgullosa de ser una mujer ¡¡¡divorciada pero virgen!!!

Agradecimientos

A Daniel y Andrea, porque a pesar del dolor que les provocó el divorcio en plena adolescencia tuvieron el amor, la empatía, la comprensión y el entendimiento para saber que aunque querían ver a sus padres juntos... los preferían felices.

Gracias, hermosos, por hacer mi camino más fácil como mamá divorciada y por consolidar esta familia de tres que ha sido mi mayor logro... Ustedes son mi orgullo, ¡mi mejor regalo de vida!

Gracias a todos mis amigos que durante el proceso sirvieron como red de apoyo; gracias por su cariño, comprensión, palabras y hasta tequilas.

Gracias a todos los integrantes de "La Regla", ese club de solteros que hoy es parte de mi vida, cuyos miembros fundadores activos son: Chano Jurado, Adriana Esteva, Lourdes Dussauge, Leonardo Marker, Marta Guzmán, Carlos Rivera, Allan Raider y Judith Abraham, y por supuesto a todos los buenos amigos que se han ido sumando con el tiempo.

Gracias especiales a Cristy, quien como mi hermana elegida siempre estuvo conmigo en cada lágrima, en cada paso dado, en cada sonrisa recuperada.

Gracias a Sharon Sadovitch por su confianza, y porque fue en una plática con ella donde me surgió la idea de hacer este libro.

Gracias a todas las personas que llegaron a mi vida en forma de ángeles mensajeros con un curso, una terapia, un libro, una palabra que me dio luz y apoyo.

Gracias a quienes al ser "mis espejos" me ayudaron a verme a mí misma.

Gracias a ti por permitirme acompañarte en el proceso y compartir mi experiencia contigo.

En Editorial Planeta

Gracias a la querida Doris Bravo, mi editora eterna, quien a pesar de estar jubilada impulsó el desarrollo de esta publicación y ha sido siempre un apoyo para mí.

Gracias a Gabriel Sandoval porque cuando le dije el título del libro, entusiasta contestó: "¡¡Lo quiero ya!!", y me abrió de nuevo las puertas de la editorial para publicarlo.

Gracias a Daniel Mesino, a Pablo Ampudia y a Gabriella Morales-Casas por ser parte del proceso.

Gracias a Dios y a todos mis guías y maestros espirituales por darme la facilidad de las letras para poder acompañar a otros en sus procesos.

Gracias… gracias… gracias.

¡¡¡Y ahora dejemos que el universo conspire en nuestro favor!!!

Índice